가장 쉬운 탑클래스
# 치매예방 첫걸음 ❶

# 가장 쉬운 탑클래스 치매예방 첫걸음 1

초판 1쇄 발행 | 2022년 9월 16일
초판 2쇄 발행 | 2023년 10월 20일

지은이 | 탑클래스 두뇌발전소
발행인 | 김태웅
기 획 | 김귀찬
편 집 | 유난영
표지 디자인 | 남은혜
본문 디자인 | HADA DESIGN 장선숙
마케팅 | 나재승
제 작 | 현대순

발행처 | (주)동양북스
등 록 | 제 2014-000055호
주 소 | 서울시 마포구 동교로22길 14 (04030)
구입 문의 | 전화 (02)337-1737 팩스 (02)334-6624
내용 문의 | 전화 (02)337-1763 이메일 dybooks2@gmail.com

ISBN  979-11-5768-826-5 13690

**저자 탑클래스 두뇌발전소**

탑클래스 두뇌발전소는 심신의학을 바탕으로 현대인들의 각종 두뇌 질환 및 건강한 두뇌 개발에 도움이 되고자 유튜브 채널 '탑클래스 두뇌발전소'를 운영하고 있다. 기억력, 집중력, 관찰력, 판단력, 언어능력 등 다양한 분야의 두뇌 훈련을 위한 두뇌게임을 비롯하여, 명상을 통한 두뇌 휴식법, 알면 도움 되는 유익한 건강 정보 등 약 1000개의 영상을 업로드하며 활동 중이다. 고령화 시대에 세계적으로 사회적 문제가 되고 있는 치매를 예방하기 위해, 두뇌 훈련 후 두뇌 휴식을 병행하는 프로그램을 고안하여, 따라 하면 누구나 스스로 치매를 예방할 수 있도록 하고 있다. 6만 명을 바라보는 구독자와 누적 조회 2100만 뷰를 넘기며, 더 많은 이들에게 바른 두뇌 건강법을 전달하기 위해 열정으로 노력하는 중이다. 즐거운 마음의 강력한 치유력을 믿는 탑클래스 두뇌발전소는 앞으로도 많은 이들이 즐거운 마음으로 치매 없는 삶을 영위할 수 있도록 최선을 다할 것이다.

**참고자료**

이송미,『미라클』(비타북스, 2020)
KBS 생로병사의 비밀제작팀,『치매 쇼크 치매 혁명』(amStory, 2021)
한설희,『한설희 명의의 치매 걱정 없는 행복한 노후』(예문아카이브, 2018)
유튜브 한국불교 대표방송 BTN, 지혜의 다락방,
2019년 5월 15일 게시, 2021년 11월 1일 접속,
https://url.kr/mvx1cs

TOP

# 가장 쉬운 탑클래스
# 치매예방 첫걸음

탑클래스 두뇌발전소 지음

**1**

동양북스

〈 농선 대원 선사(弄禪 大圓 禪師) 〉

현대 사회에서 치매 환자 수가 늘어남에 따라, 환자 자신뿐 아니라 가족들까지 어려움을 겪고 있습니다. 사람의 평균수
명이 길어지면서 노년을 뜻깊고 건강하게 보내는 것에 대한 준비가 어느 때보다 필요한 시대가 되었습니다.

명상을 통해 마음을 다스리면 심신의 고통이나 괴로움으로 인해 일어나는 온갖 질병을 예방하고 치유할 수 있습니다.
이것은 여러 첨단 과학 분야가 동원된 심신의학 분야에서도 임상적인 치료를 통하여 성공적으로 입증되고 있습니다. 치
매 또한 마찬가지입니다. 근원이 되는 마음을 잘 다스리면 나와 내 가족 모두가 행복한 삶을 살 수 있습니다.

이 책은 재밌는 두뇌 게임을 통해 집중력을 기르고, 잡념을 쉬게 하며, 게임 후에 명상을 함으로써 심신의 휴식과 치유
효과를 극대화합니다. 이는 치매나 두뇌 질환에 국한된 것이 아닌 우울증, 불면증 등으로 고통받는 현대인들에게도 심
리적 치유에 큰 도움이 될 것입니다.

이 책이 많은 이들에게 심신의 고통과 부자유에서 벗어나 행복을 영위하는 삶의 첫걸음이 되길 바랍니다.

---

● blue jung

탑클래스 게임을 처음에는 재미로 하나씩 했었는데 하다 보니 성취감도
있고 그림들도 이뻐서 꾸준히 했었어요! 그런데 확실히 치매가 아닐까
걱정되던 일들도 많이 줄고 우울증이 약간 있었는데 극복하는 데 큰
도움이 되었습니다! 비록 평소에 많은 댓글을 달진 못했지만 늘 감사하게
생각하고 응원하는 채널입니다!!!!! 책 출간 축하드려요~~~~~~~

● 동방

탑클래스 게임을 꾸준히 한 지 벌써 8달째입니다. 매번 새로운 게임을
업로드 해주셔서 정말 재밌게 치매예방하고 있습니다.
처음에 찾을 때는 시간 안에 하는 게 힘들었는데 지금은 대부분 넉넉하게
찾을 수 있습니다. 이걸 하고 나서 가장 크게 달라진 점은 기억력이
좋아졌습니다. 예전엔 기억이 약간 흐지부지했다면, 요즘은 더 또렷하게
잘 기억나는 편입니다.
자꾸 잊어버리는 일도 훨씬 줄었습니다.
그리고 성취감이 있어서 하루하루가 즐거워요.
책으로 출간된다니 기대가 되네요. 책도 대박나셨면 좋겠습니다.
탑클래스 항상 고마워요~~ 파이팅!!!!!!!!!!

● JOHN SONG

매주 화요일과 수요일에 할머니 할아버지들을 모아놓고 치매예방퀴즈
시간을 가졌습니다. 처음에는 어려워하시더니 이제는 곧 잘 마치십니다.
어르신들의 스마트해져가는 모습을 보며 정말 치매예방에 큰 도움이
된다는 것을 현장에서 실감할 수 있었습니다. 매주 꾸준히 업데이트
해주셔서 잘 사용하고 있습니다. 앞으로도 좋은 영상 부탁드리고, 책을
발간하신다니 정말 축하드립니다. 책도 대박 나시길 간절히 바랄게요.

● 바스미

탑클래스는 정말 추천하고 싶은 채널입니다. 게임도 정말 다양하고
그림도 이쁘고 영상도 멋집니다. 저희 어머니가 치매 초기증상이
있으셔서 함께 열심히 게임을 하고 있습니다. 처음보다 갈수록 집중력도
생기시고 발전해가는 모습이 신기하고 감사합니다. 다른그림찾기를
특히 좋아하시는데 하루에도 여러 게임을 하십니다. 책으로 나온다니
정말 기대가 되네요. 어머니께 선물로 드리면 좋아하실 것 같습니다.
항상 감사합니다. 탑클래스♡♡♡

〈 **구철회**(캘리포니아 주립대학 의대 교수) 〉

유튜브 '탑클래스 두뇌발전소'의 구독자로서, 평소에 즐겨 하던 두뇌게임이 책으로 출간된다는 소식은 반갑고, 감사하다. 초고령 사회로 접어들면서, 급속도로 늘어가는 치매는 모두가 대비해야 하는 질병이 되었다. 효과적인 진단이나 치료제가 개발되지 않은 치매의 경우, 예방의 중요성은 특히 강조된다.

이러한 점에서 이 책은 치매 예방에 꼭 필요한 세 마리 토끼를 한 번에 잡았다고 할 수 있다. 재밌는 두뇌게임으로 다양한 영역의 두뇌를 균형 있게 발전시키는 데 도움을 주고, 게임 후 간단한 명상으로 두뇌를 휴식하며, 치매에 관한 정보를 통해 이해를 높인다는 점은 이 책이 치매 예방에 훌륭한 지침서가 됨을 말해준다. 특히 고혈압, 당뇨, 고지혈증, 비만 등과 같은 잘못된 생활 습관으로 인한 병이 원인이 되어 젊은 치매 환자 수가 늘고 있는 요즘, 노인들만을 위한 책이 아닌 다양한 연령대가 함께 치매를 예방할 수 있도록 했다는 점은 이 책의 큰 장점이라 할 수 있다.

앞으로도 더 다양한 두뇌게임과 두뇌 휴식으로 많은 이들에게 치매 예방과 극복의 희망이 되길 바란다.

● **김영희**

당근 백점!!!!!! 탑클은 제게 아주아주 특별한 채널입니다.
뭐 약간 발병한 지 10년차 되어 시간이 지났음에도 불구하고 여전히
작은 후유증들에 약간의 우울감에 늘어져 있었을 때 만난 채널입니다.
너무 재밌고 즐겁게 게임에 참여하여 저의 하루하루가 자~~~ㄹ
지나가고 있음에 진심으로 감사 드립니다^^~~. 명상도 꼭 실천하고요.
영상도 퀄리티 최고입니다!!!!!!! 객관적인 생각입니다^^~~ 더 많은
구독자를 향해 계속 응원 드립니다!!!

● **박민수**

안녕하세요. 저는 30대 직장인이구요. 출퇴근 시간에 지하철에서 1일
1탑클래스 합니다. 첨엔 복잡한 머리나 식힐 겸 했는데, 지금은 재미도
있고, 묘하게 생각도 정리되는 게 있어서 계속하게 되네요.
치매예방은 아직 모르겠지만 이렇게 머리를 자꾸 쓰다 보면 치매도
예방되겠다는 생각이 들어요.
복잡하고 생각 끊고 싶을 때 집중해서 하는 거 강추드립니다.
책도 나온다는데 축하드리구요. 이벤트 하시면 책도 받고 싶네요.
건승하세요.

● **나나동동이집사**

항상 와이프하고 같이 즐겨 보고 있습니다. 책 출간된다 하니
축하드려요. 저는 초반에는 재미로 했는데 요즘은 집중력이 좋아지는 거
같아 꼭꼭 챙겨보고 있습니다.

● **다인지**

탑클래스 자주 방문하고 있습니다. 게임도 재밌게 하고 있고 가끔
올려주시는 명상영상도 잘 보고 있습니다. 좋은 명언들을 들으면서
잠시지만 명상을 하는 시간을 가지게 되었습니다. 정말 뜻밖이었어요.
게임영상을 보는 채널 덕분에 명상을 하게 될지는 몰랐거든요.
짧은 시간이지만 하루에 잠시라도 하고 나니까 좋은 말씀들 때문에
마음이 힘들던 일들도 조금 나아지는 거 같고 하는 동안엔 힐링 되는 것
같았습니다. 삶이 조금씩 풍족해진달까요? 그래서 마음으로 늘 고맙게
생각하고 있습니다. 물론 게임들도 정말 재밌게 하고 있습니다.
최근에 새로운 게임이 또 나왔던데 늘 새로운 게임을 개발해서
올려주시는 거 같아서 감사합니다.
지금처럼 감사하게 보겠습니다. 책도 살게요.
탑클래스 대박나세요!!!!!!!!!!! ♥

살아온 세월을 돌이켜 남은 것은 기억뿐인 인생에서, 그 기억이 하나둘씩 사라져간다면…

내가 누구인지, 무엇을 하며 살아왔는지, 그리고 내가 사랑했던 사람들에 대한 기억이 흔적 없이 지워져 가는 고통과 두려움은 누구나 피하고 싶을 것입니다. 사람의 평균수명이 길어지고, 고령화가 급속하게 진행되면서 국내 치매 인구수가 100만 명을 바라보는 시대가 되었습니다. 65세 이상 노인 10명 중 1명, 80세 이상 노인 4명 중 1명이 치매에 걸린다는 통계에서 알 수 있듯, 치매는 더 이상 다른 사람이 아닌 나와 내 가족의 일이 될 수도 있다는 점에서 모두의 관심과 대책이 필요합니다.

요즘 주변을 돌아보면, 단순 건망증에도 '혹시 내가 치매는 아닐까?' 염려하는 사람들이 많습니다. 자연스러운 노화의 현상인 기억력 감퇴일 수 있음에도 미리 걱정하고 두려워하는 이유는, 치매가 아직 발병 원인조차 밝혀지지 않은 치료제 없는 병이기 때문입니다. 이는 치매 예방의 중요성이 강조되는 이유이기도 합니다. 그렇다면 치매를 언제부터 예방하는 것이 좋을까요? 치매 예방은 시작이 빠를수록 좋습니다. 흔히들 치매를 노인성 질환이라고 하나, 대부분의 치매는 짧게는 몇 년에서 수십 년 전부터 경도 인지장애 등으로 진행되어오다 치매로 발전하는 경우가 많습니다. 또한 노년기 이전에 발생하는 초로기 치매 환자 수 역시 해마다 증가하는 실정임을 감안할 때, 당뇨, 고지혈증, 비만이 늘고 있는 20~30대도 치매에 관심을 가지고 이를 예방하는 것이 필요합니다.

치매를 예방하고 건강하게 두뇌를 발전시키기 위해서는 꾸준한 훈련을 통해 두뇌 세포를 활성화하고, 바른 휴식법으로 두뇌 능력을 강화하는 것이 중요합니다. 그리고 이러한 훈련에 앞서 무엇보다 중요한 것은 하루하루 건강하게 변화하는 두뇌를 생각하며 즐거운 마음으로 훈련과 휴식을 지속하는 것입니다. 이러한 즐거운 마음은, 언제 나에게 올지 모를 치매에 대비하기 위해 노력한다는 마음가짐보다 훨씬 강력한 치유 효과를 발휘합니다.

이 책은 치매 예방의 핵심이 되는 두 가지, **두뇌 훈련**(게임)과 **두뇌 휴식**(명상)을 중점으로 프로그램을 구성하여 두뇌개발 효과가 극대화될 수 있도록 하였습니다.

**첫 번째, 재밌는 두뇌 게임으로 이루어진 두뇌 훈련은, 반복과 집중을 통해 뇌에 건강한 자극을 줌으로써 신경세포의 기능을 향상하고, 세포 간 연결망인 시냅스를 활성화합니다.** 기억력, 집중력, 관찰력, 판단력, 언어 능력 등의 인지능력이 재밌는 게임을 하는 동안 체계적으로 발달할 수 있도록 6종류의 두뇌 훈련으로 구성하였습니다. 게임마다 추가 활동이 포함되어, 하나의 게임을 통해 다방면의 인지능력을 고루 발달시킬 수 있고, 심화된 문제를 통해 다양한 난이도의 훈련을 할 수 있습니다. 또한, 아름다운 색상의 예쁜 그림들로 이루어진 게임을 꾸준히 하다 보면 마음이 밝아지고, 힐링 되어 두뇌 건강에 많은 도움이 됩니다.

**두 번째, 두뇌 훈련 후 두뇌 휴식의 방법으로 명상을 하면 두뇌 훈련의 효과를 최대화할 수 있습니다.** 처음 명상을 접하는 분도 천천히 순서대로 따라 하며 하루 5분이라도 꾸준히 실천하면, 두뇌 휴식의 효과를 볼 수 있습니다. 책에 소개된 여러 명상법 중 자신에게 맞는 명상법을 선택하여 지속하다 보면, 행복 호르몬인 세로토닌의 분비가 활성화되고, 스트레스 호르몬이 감소하여 면역력이 증진됩니다. 두뇌 훈련을 통해 개선된 인지능력 또한 두뇌 휴식을 하는 동안 강화됩니다. 출렁이는 물결이 잦아들면 고요해진 물속이 깨끗이 보이듯, 바른 휴식을 통해 잡념이 쉬어지면 두뇌의 모든 능력은 저절로 향상됩니다.

현대인들은 과도한 스트레스 속에 마음이 쉬지 못하고, 뜻과 같이 마음을 운용하지 못하는 데서 고통이 생기며, 이는 몸의 병으로 이어집니다. 하지만 많은 사람들은 근원인 마음은 돌아보지 않고, 증상으로 드러난 몸의 병만 고치려 하여 온전한 치유가 힘들어지고, 이는 다시 다른 발병으로 악순환이 됩니다. 이것은 치매 환자를 대상으로 한 연구를 통해서도 알 수 있습니다. 알츠하이머 환자의 대다수가 증상이 생기기 몇 년 전 정신적인 큰 충격이나 아픔을 겪은 경험이 있는 것으로 조사되었으며, 우울증이 치매로 발전할 확률이 60~70%나 된다는 점은 이를 뒷받침합니다. 반면, 명상을 한 사람들의 뇌를 MRI로 관찰한 연구에서는, 나이와 관계없이 명상을 하기 전보다 뇌의 용적과 기억력을 관장하는 해마의 크기가 커진 것을 확인하였습니다. 이는 오랜 기간 명상을 할수록 그 양상이 뚜렷하여, 마음을 다스리는 것이 두뇌 건강을 지키는 지름길임을 알 수 있는 것입니다.

저희 탑클래스 두뇌발전소는 이러한 근본이 되는 심리적인 치유와 함께 효과적으로 두뇌 능력을 향상하는 방법들을 모색하고, 연구해 오고 있습니다. 그리하여 앞서 언급한 두뇌 게임을 통한 두뇌 훈련 후 휴식을 함으로써 효과를 극대화하는 프로그램을 고안하는 등 지속적인 연구를 거듭하며 치매 예방 및 모든 연령대의 두뇌 개발에 도움이 되고자 유튜브 채널 '탑클래스 두뇌발전소'를 운영하고 있습니다. 약 1,000개의 영상을 제작하는 동안 어려움도 있었지만, 저희 영상을 통해 치유되고 행복을 느낀다는 구독자님들의 댓글을 통해 많은 동기부여와 에너지를 받으며 작업할 수 있었습니다. 전보다 기억력과 집중력이 눈에 띄게 좋아져 자신감이 생긴다며 고맙다고 말씀해주신 분들과 우울증인데 그림이 예뻐서 문제를 풀수록 마음이 밝아진다고 하셨던 분들, 산만했던 아이가 매일 영상을 보았더니 집중력도 생기고 차분해졌다며 기뻐하신 이야기 등, 5만 명이 넘는 감사한 구독자님들의 사랑과 성원이 있었기에 이렇게 책을 출간할 수 있었습니다. 앞으로 이 책이 더 많은 분들께 치매 없이 건강한 삶, 심신의 행복이 충만한 삶의 초석이 되길 바랍니다.

이 책을 펴내는 데 진심을 담아 응원해주신 '탑클래스 두뇌발전소' 구독자님들께 다시 한번 감사드리며, 이러한 기회를 제안해주신 동양북스 김귀찬 부장님께도 감사드립니다. 이 책에 대한 확신과 열정적인 신념으로 진행하신 부장님이 계셨기에 집필의 마음을 낼 수 있었습니다. 세심하고 전문적인 안목으로 도움 주신 유난영 편집장님과 세련된 감각으로 힐링 될 수 있도록 애써주신 장선숙 디자이너님께 감사드립니다. 마지막으로 언제나 함께 노력하는 '탑클래스 두뇌발전소' 식구들에게 감사를 표합니다.

– 탑클래스 두뇌발전소

## 재밌는 두뇌게임으로 두뇌훈련

- 이 책은 치매를 비롯한 두뇌질환의 예방과 치유 효과를 높이기 위한 6가지 종류의 두뇌훈련게임으로 구성되어 있습니다.

- 즐겁게 게임을 하며 집중력, 기억력, 관찰력, 창의력 등 인지능력이 자연스럽게 향상될 수 있도록 하였습니다.

- 재밌는 게임을 다양한 난이도로 구성하여 연령과 상관없이 가족이나 친구들과 함께 즐길 수 있습니다.

- 아름다운 색상의 예쁜 그림으로 게임을 제작하여 문제를 푸는 동안 마음이 밝아지고 힐링 될 수 있도록 하였습니다.

- 게임을 통해 반복과 집중을 함으로써 인지능력과 뇌 신경세포의 성능이 향상되어 치매 및 두뇌질환 예방에 도움이 됩니다.

## 알차게 즐기는 게임 추가활동

- 게임별로 추가활동이 있어 하나의 게임에서도 다채로운 활동을 하며 더욱 재밌고 알차게 즐길 수 있습니다.

- 언어능력, 지각력, 수리능력 등 새로운 두뇌영역에 자극을 주어 다방면의 인지능력을 고루 발달시킬 수 있도록 하였습니다.

- 심화된 문제를 통해 다양한 난이도의 훈련을 할 수 있습니다.

- 문제마다 문제를 푸는 데 걸린 시간을 기록할 수 있어, 집중력과 성취감을 높이고 자신의 실력을 체계적으로 발전시킬 수 있습니다.

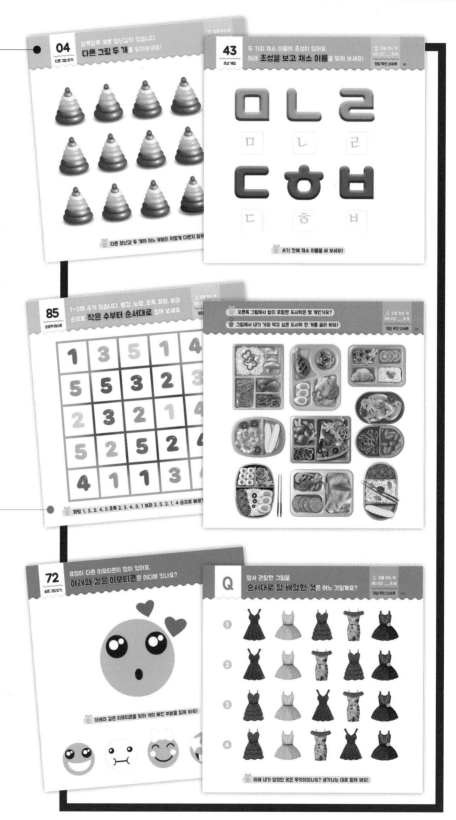

## 효과 두 배 힐링명상으로 두뇌휴식

- 두뇌훈련(게임)을 한 후에 두뇌휴식(명상)을 함으로써, 두뇌기능의 회복과 인지능력 향상 효과가 더욱 극대화될 수 있도록 구성하였습니다.
- 명상은 인지기능과 감정조절 기능, 면역기능 등을 증강시켜 치매 및 두뇌질환 예방과 치유에 많은 도움이 됩니다.
- 올바른 두뇌휴식을 위해 명상가이드를 제작하여 처음 명상을 접하는 이도 쉽게 따라할 수 있도록 하였습니다.
- 각 권마다 다양한 명상법을 소개하여 체험 후 자신에게 맞는 명상법을 선택해 지속할 수 있도록 하였습니다.

## 알수록 재밌는 건강지혜

- 치매는 알수록 예방하기 쉬워집니다. 다양한 치매 상식과 과학적으로 입증된 신기한 두뇌 이야기들로 건강에 대한 지혜를 얻을 수 있습니다.

## 한눈에 쏙 들어오는 정답

- 문제마다 우측 상단에 정답 페이지가 기재되어 있으며, 해당 페이지에서 정답을 바로 확인할 수 있습니다.
- 정답을 명확하고 통일성 있게 표시하여, 자신의 답과 비교 점검이 용이합니다.
- 추가활동 정답은 본활동 정답 상단에 표시하였습니다.

### 영상으로 즐기는 유튜브 채널 〈탑클래스 두뇌발전소〉

- 게임과 명상이 시작되는 첫 페이지의 QR코드와 검색어를 통해 〈탑클래스 두뇌발전소〉 유튜브 채널에서 동영상으로도 다양한 두뇌훈련과 두뇌휴식을 할 수 있습니다.

## 1강
## 다른 그림 찾기

두뇌휴식을 위한 힐링명상

소리 명상 » 44

알수록 재미있는 건강지혜

다양한 치매의 종류 » 46

## 2강
## 초성 게임

알수록 재미있는 건강지혜

치매에 걸리면
나타날 수 있는 징후 » 72

## 3강
## 숨은 그림 찾기

알수록 재미있는 건강지혜

행복한 생각으로
치유된 치매 » 116

두뇌휴식을 위한 힐링명상

걷기 명상 » 150

알수록 재미있는 건강지혜

몸을 변화시키는
신기한 명상의 효과 » 206

알수록 재미있는 건강지혜

두뇌를 바꾸는
세 가지 비밀 » 152

# 1강
# 다른 그림 찾기

▶ 탑클래스 다른그림찾기 모음 🔍

지각력과 집중력 향상에 도움이 되는 다른 그림 찾기 게임입니다. 많은 그림이나 글자 가운데 다른 것을 찾으면 됩니다. 주어진 단어를 이용한 문장 만들기, 2행시 짓기, 새로운 단어 조합하기 등 다른 그림 찾기를 하면서 언어 능력도 함께 향상할 수 있는 부가 활동이 있습니다.

# 01

다른 그림찾기

잘 익은 맛있는 바나나가 많이 있습니다.

## 다른 바나나 한 송이를 찾아보세요!

답을 찾는 데
걸린 시간 ___초/분

정답 확인 242쪽    14

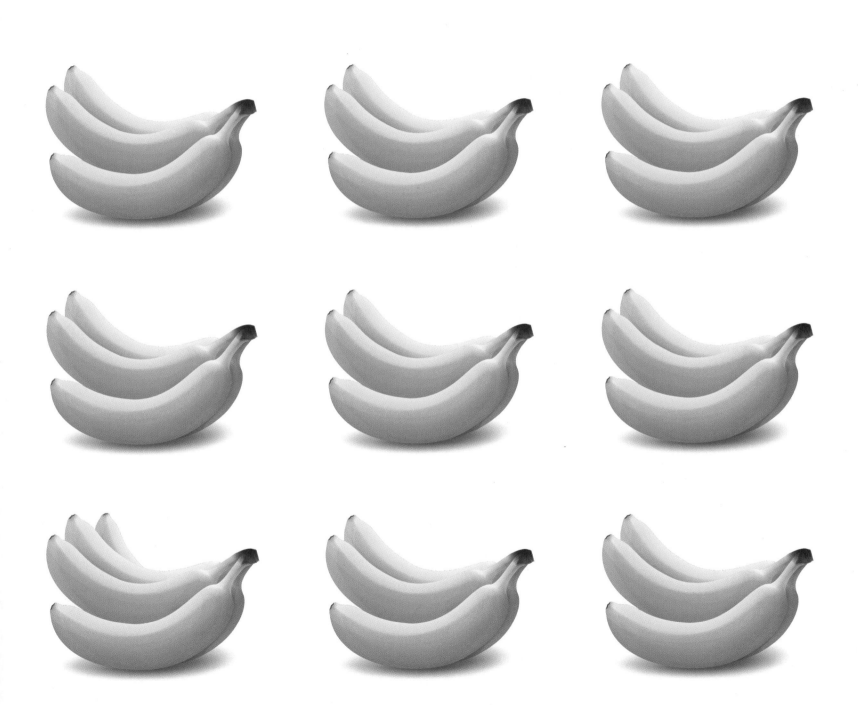

 바나나와 같은 열대과일 두 가지를 말해 봐요!

아! 아! 색이 예쁜 확성기가 많이 있네요.
## 다른 확성기 두 개를 찾아보세요!

 다른 확성기 두 개의 어느 부분이 어떻게 다른지 말해 봐요!

## 03

다른 그림 찾기

두 글자 낱말이 여러 개 있어요.
'**행복**'이 아닌 것 하나를 찾아보세요!

답을 찾는 데
걸린 시간 ___초/분

정답 확인 242쪽    16

행복  행복  행복  행복  행복

행복  행복  행복  행복  행복

행복  행복  행복  행복  항복

행복  행복  행복  행복  행복

 '**행복**'으로 2행시를 지어 봐요!     정답으로 찾은 낱말을 넣어 문장을 만들어 봐요!

# 04

다른 그림 찾기

알록달록 예쁜 장난감이 있습니다.

## 다른 그림 두 개를 찾아보세요!

◈ 답을 찾는 데
걸린 시간 ___초/분

정답 확인 242쪽   17

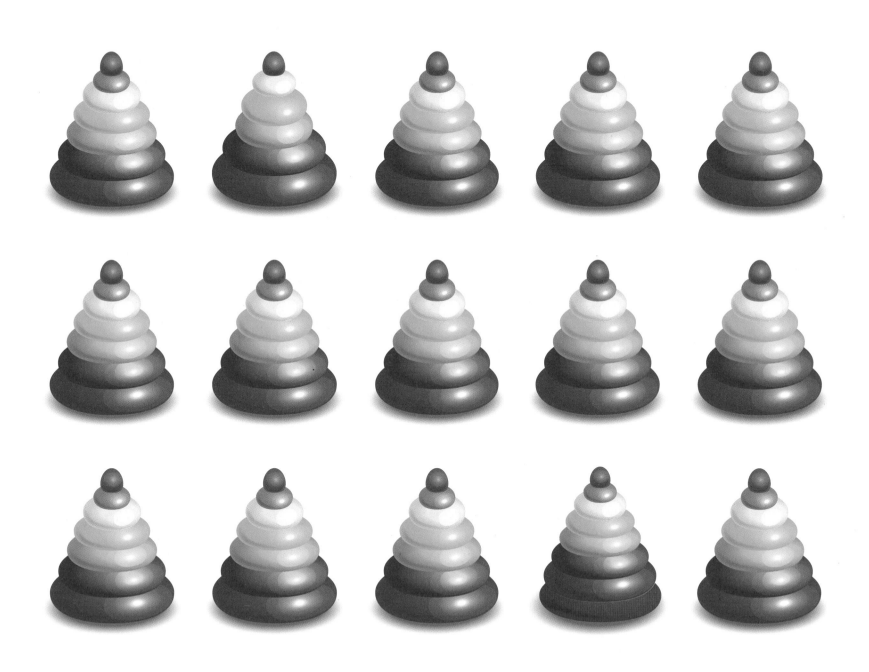

 다른 장난감 두 개의 어느 부분이 어떻게 다른지 말해 봐요!

시원하고 맛있는 수박 아이스크림이네요.
## 다른 그림 한 개를 찾아보세요!

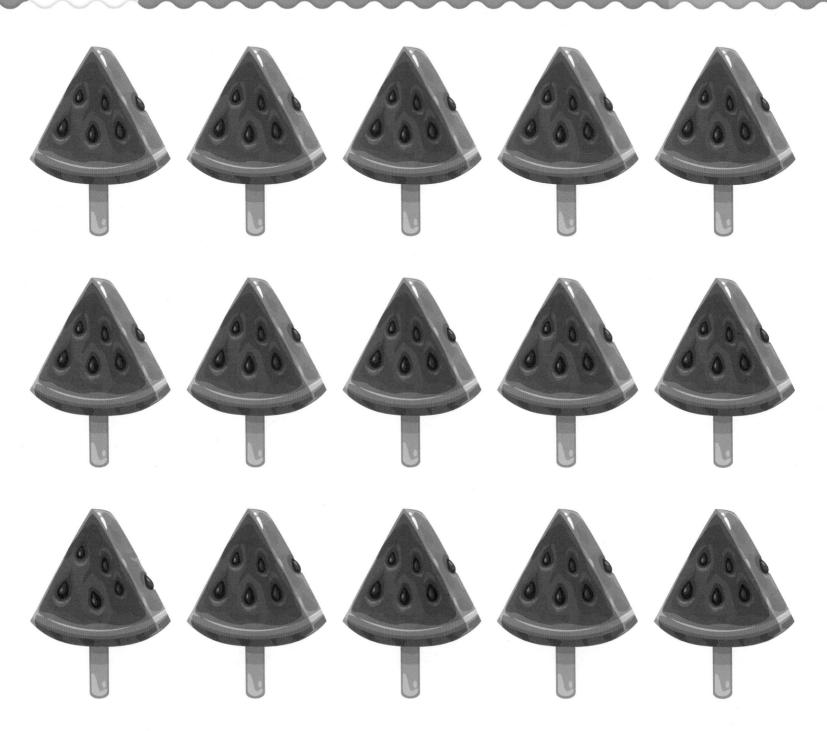

 다른 수박 아이스크림 하나의 어느 부분이 어떻게 다른지 말해 봐요!

## 화사한 노란 꽃이 많이 있습니다.
## 다른 그림 두 개를 찾아보세요!

 봄에 피는 꽃 두 가지를 말해 봐요!

두 자리 수가 여러 개 있어요.

## 73이 아닌 것 두 개를 찾아보세요!

73  73  73  73  73  73

75  73  73  73  73  73

73  73  73  73  75  73

73  73  73  73  73  73

7, 3과 같이 합이 10이 되는 숫자 두 개를 말해 봐요!

귀여운 나비들이 많이 있네요.

## 다른 나비 한 마리를 찾아보세요!

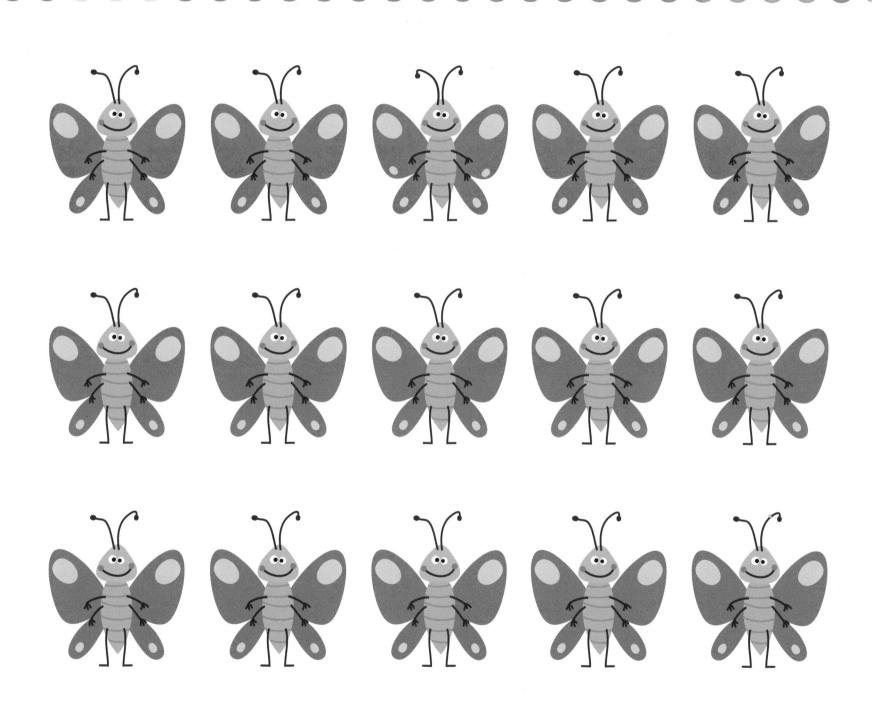

 다른 나비 한 마리의 어느 부분이 어떻게 다른지 말해 봐요!

# 09
다른 그림 찾기

두 글자 낱말이 여러 개 있어요.
## '전체'가 아닌 것 하나를 찾아보세요!

💎 답을 찾는 데
걸린 시간 ___초/분

정답 확인 242쪽  22

전체 전체 전체 전체 전체

전체 전체 전체 전체 전체

전체 전체 전체 전체 전체

전체 전체 전체 천체 전체

 '전체'와 비슷한 의미를 가진 낱말 두 개를 말해 봐요!

 정답으로 찾은 낱말로 2행시를 지어 봐요!

# 10
다른 그림 찾기

맛있는 초밥이 많이 있습니다.
## 다른 그림 두 개를 찾아보세요!

◇ 답을 찾는 데
걸린 시간 ___초/분

정답 확인 243쪽  23

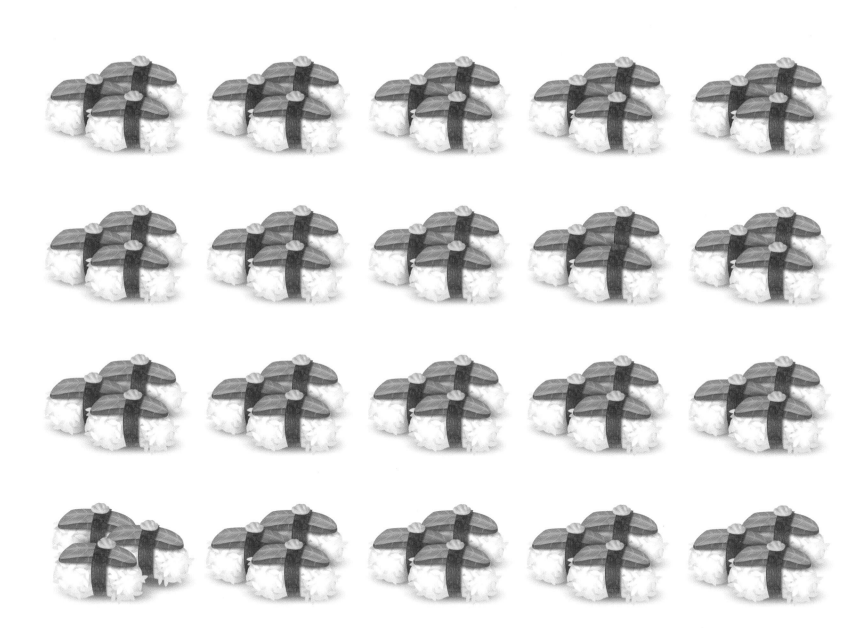

 초밥의 종류 두 가지를 말해 봐요!

 '밥'으로 끝나는 음식 종류 세 가지를 말해 봐요!

예쁜 물고기가 많이 있네요.
## 다른 물고기 한 마리를 찾아보세요!

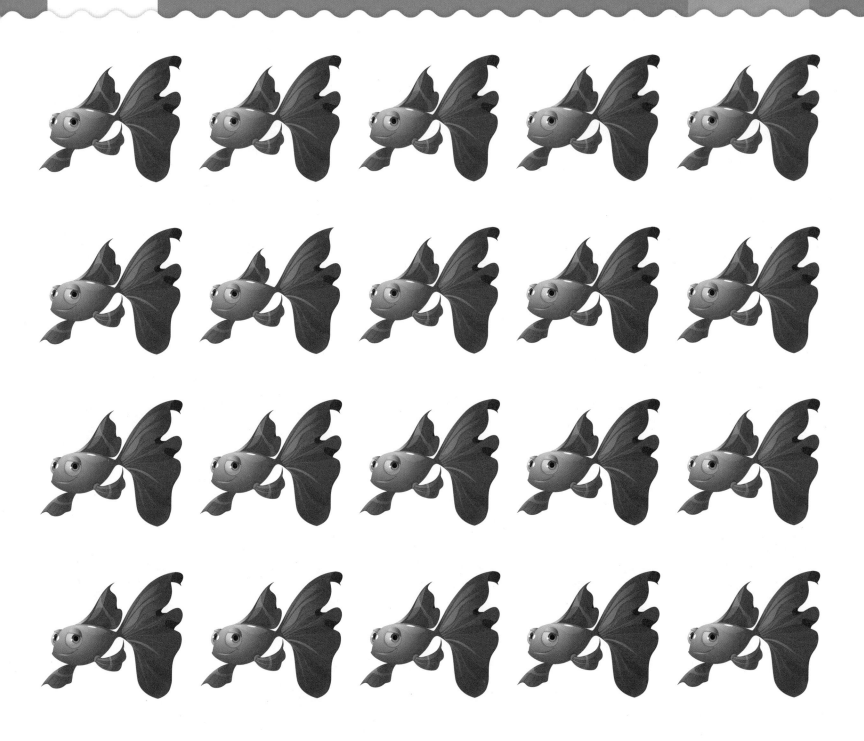

 정답으로 찾은 다른 물고기의 어느 부분이 어떻게 다른지 말해 봐요!

## 12
다른 그림 찾기

세 자리 수가 여러 개 있어요.
# 695가 아닌 것 두 개를 찾아보세요!

답을 찾는 데
걸린 시간 ___초/분

정답 확인 243쪽    25

695 695 695 695 695
695 695
695 695 696 695
695 695
695 695 695 695
695 695 695 695 695
695
695 695 695 695
693 695 695 695 695

 ●색 695는 몇 개인가요?    ●색 695는 몇 개인가요?

# 13

다른 그림 찾기

둥글둥글 축구공이 많이 있네요.

## 다른 공 두 개를 찾아보세요!

답을 찾는 데
걸린 시간 ___초/분

정답 확인 243쪽

26

**14**

다른 그림 찾기

두 글자 낱말이 여러 개 있어요.
**'사격'이 아닌 것 하나**를 찾아보세요!

답을 찾는 데
걸린 시간 ___초/분

정답 확인 243쪽  27

사격 사격 사격 사격 사격

사격 사격 사격 사격

사격 사격 사격 사격 사격

사격 자격 사격 사격

사격 사격 사격 사격 사격

 정답으로 찾은 낱말을 넣어 열 글자 이하의 문장을 만들어 봐요!

알록달록 예쁜 슬리퍼가 많이 있습니다.

## 다른 그림 두 개를 찾아보세요!

예쁜 가방이 많이 있습니다.
## 다른 가방 한 개를 찾아보세요!

**17**

다른 그림 찾기

세 글자 낱말이 여러 개 있어요.
**'강수량'이 아닌 것 하나**를 찾아보세요!

💎 답을 찾는 데
걸린 시간 ___초/분

**정답 확인 243쪽** 30

강수량　　강수량　　강수량　　강수량　　강수량

강수량　　강수량　　강수량　　강수량

강수량　　강수량　　강수량　　강수량　　강수량

강수량　　강수량　　강수량　　강수량

강수량　　강수량　　강수량　　강수량　　강수량

강수량　　강수량　　강수량　　강우량

강수량　　강수량　　강수량　　강수량　　강수량

🌱 **정답으로 찾은 낱말의 뜻을 말해 봐요!**

따끈따끈 맛있는 만두가 많이 있네요.
## 다른 그림 두 개를 찾아보세요!

 정답 두 개에 있는 만두의 개수는 모두 몇 개일까요?

예쁜 주황색 주전자가 많이 있습니다.
## 다른 주전자 두 개를 찾아보세요!

 정답으로 찾은 다른 주전자의 어느 부분이 어떻게 다른지 각각 말해 봐요!

# 20

다른 그림 찾기

세 글자 낱말이 여러 개 있어요.
'**어렵다**'가 아닌 것 하나를 찾아보세요!

답을 찾는 데
걸린 시간 ___초/분

정답 확인 244쪽　33

어렵다　어렵다　어렵다　어렵다　어렵다

어렵다　어렵다　어렵다　어렵다　어렵다

어렵다　여럽다　어렵다　어렵다　어렵다

어렵다　어렵다　어렵다　어렵다　어렵다

어렵다　어렵다　어렵다　어렵다　어렵다

어렵다　어렵다　어렵다　어렵다　어렵다

어렵다　어렵다　어렵다　어렵다　어렵다

 '어렵다'와 반대되는 뜻의 낱말을 넣어 문장을 만들어 봐요!

멋진 금빛 왕관이 많이 있습니다.
## 다른 왕관 두 개를 찾아보세요!

**22**

다른 그림 찾기

맛있는 용과가 많이 있습니다.

# 다른 용과 한 개를 찾아보세요!

💎 답을 찾는 데

걸린 시간 ＿＿초/분

정답 확인 244쪽   35

 정답으로 찾은 다른 용과의 어느 부분이 어떻게 다른지 말해 봐요!

# 23
다른 그림찾기

알파벳 네 개로 된 영어 단어가 여러 개 있어요.
## 'Duck'가 아닌 것 하나를 찾아보세요!

💎 답을 찾는 데
걸린 시간 ___초/분

정답 확인 244쪽   36

Duck  Duck  Duck  Duck  Duck  Duck

Duck  Duck  Duck  Duck  Duck  Duck

Duck  Duck  Duck  Duck  Duck  Duck

Duck  Duck  Duck  Duck  Duck  Duck

Duck  Duck  Duck  Duck  Duck  Duck

Duck  Duck  Duck  Duck  Duck  Dunk

Duck  Duck  Duck  Duck  Duck  Duck

 'Duck'는 '오리'라는 의미를 가지고 있어요. '오리' 하면 떠오르는 특징 한 가지를 말해 봐요!

해변에서 쓰는 멋진 선글라스가 많이 있네요.
## 다른 그림 두 개를 찾아보세요!

# 25

다른 그림 찾기

꽃이 핀 예쁜 선인장이 많이 있습니다.

## 다른 그림 두 개를 찾아보세요!

답을 찾는 데
걸린 시간 ___초/분

정답 확인 244쪽    38

선인장은 OO가 많은 특징을 가진 식물이에요. OO은 무엇일까요?

## 26
다른 그림 찾기

네 자리 수가 여러 개 있어요.
## 2460이 아닌 것 세 개를 찾아보세요!

💎 답을 찾는 데
걸린 시간 ___초/분

정답 확인 244쪽    39

2460

2460

2460

2460

2460

2460

2460

2460

2460

2460

2760

2460

2460

2460

2460

2460

2460

2460

2460

2460

2460

2450

2460

2460

2460

2460

2460

2460

2460

2460

2460

2460

2460

2460

2490

2460

2460

2460

2460

2460

2460

2460

2460

2460

2460

2460

2460

2460

2460

2460

 숫자 2, 4, 6, 0의 공통점 한 가지를 말해 봐요!

# 27
다른 그림 찾기

새콤달콤 맛있는 오렌지케이크가 많이 있습니다.
## 다른 케이크 세 개를 찾아보세요!

💎 답을 찾는 데
걸린 시간 ___초/분

정답 확인 244쪽    40

**28**

다른 그림 찾기

귀여운 펭귄이 많이 있네요.
## 다른 펭귄 두 마리를 찾아보세요!

◇ 답을 찾는 데
걸린 시간 ___초/분

정답 확인 245쪽    41

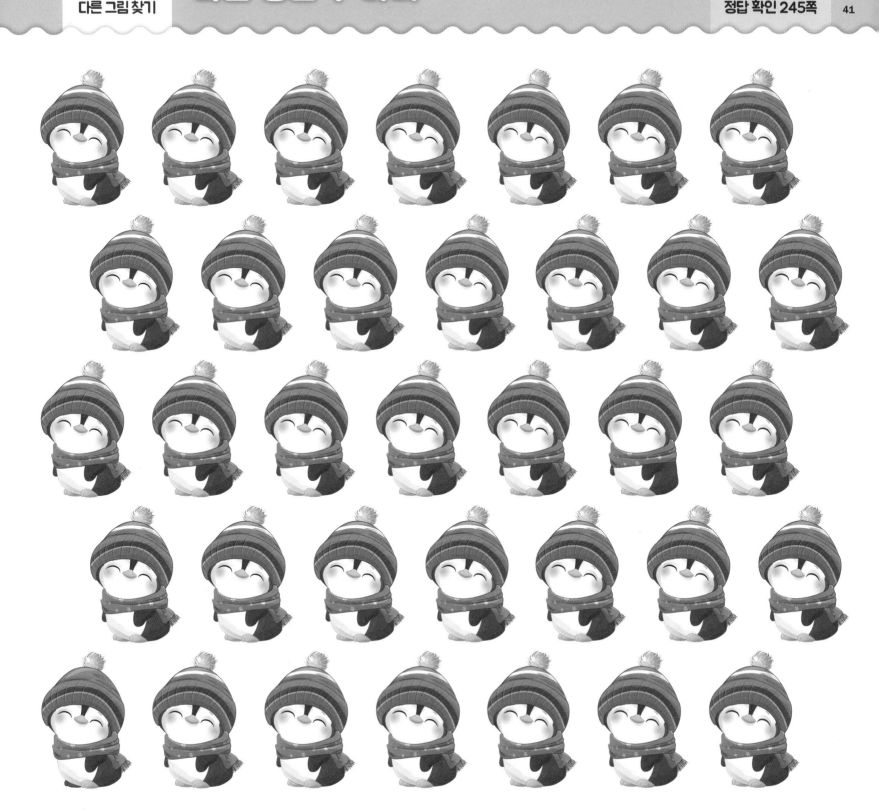

**29** 다른 그림찾기

네 글자 낱말이 여러 개 있어요.
**'사고무친'**이 아닌 것 하나를 찾아보세요!

💎 답을 찾는 데
걸린 시간 ___초/분

정답 확인 245쪽　42

사고무친　사고무친　사고무친　사고무친　사고무친　사고무친

사고무친　사고무친　사고무친　사고무친　사고무친

사고무친　사고무친　사고무친　사고무친　사고무친　사고무친

사고무친　사고무친　사고무친　사고무친　사고무친

사고무친　사고무친　사고무친　사고무친　사고무친　사고무친

사고무친　사고무친　사고무친　사고무친　사고무친

사고무친　사고무친　사고뭉치　사고무친　사고무친　사고무친

사고무친　사고무친　사고무친　사고무친　사고무친

사고무친　사고무친　사고무친　사고무친　사고무친　사고무친

사고무친　사고무친　사고무친　사고무친　사고무친

 정답으로 찾은 낱말의 글자들로 두 글자 낱말 세 개를 만들어 봐요!

알록달록 예쁜 코끼리가 많이 있네요.

## 다른 그림 세 개를 찾아보세요!

# 소리 명상

소리 명상은 들려오는 소리에 집중하여 두뇌를 휴식하는 명상입니다.
소리에 집중하는 동안 잡념은 사라지고, 행복 호르몬인 세로토닌의 분비가 활성화되어
심신이 편안해지고, 집중력, 기억력 등 모든 두뇌의 능력이 향상됩니다.

## 명상하기

**1**

척추를 펴고 편안한 자세로
의자나 바닥에 앉습니다.
앉는 자세가 힘드신 분은
눕거나 기대셔도 좋습니다.
누워서 하시는 분들은 잠들지
않도록 유의합니다.

**2**

고개를 앞, 뒤, 좌우로 천천히
돌려 목의 긴장을 풉니다.
눈을 살며시 감고, 눈썹과
눈썹 사이 미간의 긴장을
풀어봅니다.

**3**

온몸을 편안하게 이완하는
심호흡을 해봅니다. 코로
숨을 깊이 들이쉬고, 입으로
숨을 천천히 내쉽니다. 코로
숨을 들이쉴 때는 아랫배가
나오고, 입으로 숨을 내쉴
때는 아랫배가 들어갑니다.
3회 반복합니다. 심호흡 후엔
자연스럽게 호흡합니다.

**4**

주변에서 들려오는 소리에
귀 기울여 봅니다.
어떤 소리도 상관없습니다.
새소리, 선풍기 소리,
냉장고 소리 등 끊어지지
않고 지속되는 한 가지
소리를 귀 기울여
들어봅니다.

**5**

소리를 더 명확하게 듣기 위해 노력할 필요는 없습니다. 자연스럽게 들려오는 소리를 편안히 들어 봅니다. 크다, 작다, 듣기 좋다 등 소리에 대한 생각이 일어나더라도 상관하지 않습니다. 들려오는 소리를 끊어지지 않고 듣는 데만 집중해 봅니다. 온 마음이 귀가 되어 소리를 듣습니다.

**6**

처음엔 5분 정도도 좋습니다. 내가 부담 없이 편안히 할 수 있는 시간부터 조금씩 늘려갑니다. 한 번에 긴 시간을 불규칙적으로 하기보다는 매일 짧은 시간이라도 규칙적으로 하는 것이 더 효과적입니다.

# 다양한 치매의 종류

## 1. 알츠하이머 치매

우리나라 치매환자의 75%를 차지할 정도로 가장 흔한 치매입니다.

초기에는 과거의 일은 잘 기억하지만 최근에 일어난 일을 기억하지 못하는 단기 기억장애 증세를 보이다가, 점차 언어, 사고, 판단, 문제해결 능력 등 다른 인지기능에 이상이 생기고, 성격 변화가 나타나며, 운동 기능까지 잃게 되어 결국 모든 일상생활을 상실하게 됩니다.

## 2. 혈관성 치매

뇌출혈, 뇌경색 등 뇌혈관 질환에 의해 뇌손상을 입어 발생하는 치매입니다.

고혈압, 당뇨, 고지혈증, 흡연, 비만 등을 적절히 치료하지 않고 오랜 기간 방치하면 뇌의 혈액공급 문제로 뇌 조직의 손상을 초래합니다.

손상되는 뇌 부위에 따라 언어장애, 안면마비, 감각이상 등의 증상이 나타나고, 갑작스레 발병하거나 발병상태가 지속적으로 악화되지 않고 유지될 수 있다는 특징이 있습니다.

알츠하이머 치매와 달리 여성보다 남성이 걸리는 비율이 더 높은 편입니다.

## 3. 루이소체 치매

레비소체 치매라고도 불리며, 퇴행성 뇌질환으로 알츠하이머에 이어 두 번째로 흔한 치매입니다.

루이소체라는 비정상적인 단백질 덩어리가 대뇌피질 신경세포 내부에 침착되어 발생하는 질환으로 인지기능 저하, 환시, 렘수면행동장애, 파킨슨증과 같은 증상들이 나타나는 것이 특징입니다.

루이소체 치매는 파킨슨병 치매와 증상이 매우 유사합니다.

치매와 파킨슨병 증상이 거의 같은 시기에 나타나거나 파킨슨병 발병 후 1년 이내 치매 증상이 뒤따른다면 파킨슨병 치매가 아닌 루이소체 치매일 가능성이 높습니다.

## 4. 파킨슨병 치매

파킨슨병은 걸음걸이, 자세 유지, 손 떨림 등 운동기능이 주로 손상되는 신경퇴행성 질환이며, 파킨슨병 환자의 약 1/3은 병이 점점 악화된 후 인지기능저하, 환시, 렘수면행동장애와 같은 루이소체 치매와 비슷한 증상이 나타납니다.

다시 말해 인지기능이 정상이던 파킨슨병 환자가 병이 진행된 후 치매가 나타나는 경우를 '파킨슨병 치매'라고 합니다.

## 5. 전두측두엽 치매

전두엽과 측두엽의 위축 및 기능저하에 의한 증상인 충동억제력이 떨어지는 특징이 있습니다.

기억력 문제보다는 충동을 참지 못한 직선적인 언행, 남을 비난하는 행동, 강박적 반복 행동, 식탐 등이 심하게 나타납니다.

알츠하이머보다 발병 연령이 낮고 병의 진행이 빠릅니다.

\* 치매는 여러 종류가 있으나 서로 중첩되어 있어 다른 치매의 증상을 동반하기도 하므로 한 가지 질환으로만 설명하기는 어렵습니다.

# 2강
# 초성 게임

탑클래스 초성게임 모음 🔍

언어 능력과 기억력 향상에 도움을 주는 초성 게임입니다. 초성을 보고 단어를 맞히는 게임과 랜덤 퀴즈가 있습니다. 부가 활동으로는 단어를 유추하여 직접 씀으로써 언어 추리력을 증진시키고, 주제에 맞는 사고력을 강화시키는 문제들이 제시됩니다.

# 31
초성 게임

두 가지 채소 이름의 초성이 있어요.
아래 **초성을 보고 채소 이름**을 맞혀 보세요!

답을 찾는 데
걸린 시간 ___초/분

정답 확인 245쪽    50

 쓰기 칸에 채소 이름을 써 보세요!

**32**

초성 게임

두 가지 채소 이름의 초성이 있어요.
아래 **초성을 보고 채소 이름**을 맞혀보세요!

🏆 답을 찾는 데
걸린 시간 ___초/분

정답 확인 245쪽    51

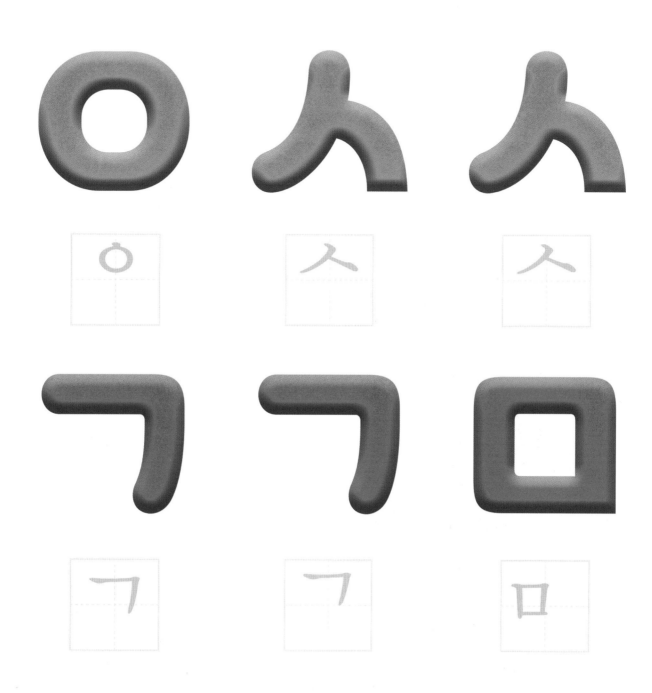

 쓰기 칸에 채소 이름을 써 보세요!

**33**

초성 게임

앞에서 초성으로 나온 채소들을 떠올려 보세요.
그 가운데 **없는 채소는 무엇**일까요?

🏆 답을 찾는 데
걸린 시간 ___초/분

정답 확인 245쪽    52

당근

고구마

호박

토마토

 **정답의 초성을 말해 봐요!**

## 34
초성 게임

앞에서 초성으로 나온 채소 가운데
## '토마토' 다음으로 나온 것은 무엇일까요?

🏆 답을 찾는 데
걸린 시간 ___초/분

정답 확인 245쪽    53

고구마

호박

옥수수

당근

 정답 채소의 특징 두 가지를 말해 봐요!

## 35
초성 게임

두 가지 과일 이름의 초성이 있어요.
아래 **초성을 보고 과일 이름**을 맞혀 보세요!

🏆 답을 찾는 데
걸린 시간 ___초/분

정답 확인 245쪽　54

 쓰기 칸에 과일 이름을 써 보세요!

## 36
초성 게임

두 가지 과일 이름의 초성이 있어요.
아래 **초성을 보고 과일 이름**을 맞혀 보세요!

🏆 답을 찾는 데
걸린 시간 ___초/분

정답 확인 245쪽    55

쓰기 칸에 과일 이름을 써 보세요!

# 37

초성 게임

앞에서 초성으로 나온 과일들을 떠올려 보세요.

## 나온 순서대로 나열한 것은 몇 번일까요?

답을 찾는 데
걸린 시간 ___초/분

정답 확인 246쪽　56

**38**

초성 게임

두 가지 동물 이름의 초성이 있어요.

아래 **초성을 보고 동물 이름**을 맞혀 보세요!

답을 찾는 데

걸린 시간 ___초/분

정답 확인 246쪽    57

ㅋㄲㄹ

ㅋ   ㄲ   ㄹ

ㅎㄹㅇ

ㅎ   ㄹ   ㅇ

 **쓰기 칸에 동물 이름을 써 보세요!**

# 39

초성 게임

두 가지 동물 이름의 초성이 있어요.

아래 **초성을 보고 동물 이름**을 맞혀 보세요!

답을 찾는 데
걸린 시간 ___초/분

정답 확인 246쪽    58

 **쓰기 칸에 동물 이름을 써 보세요!**

## 40
초성 게임

두 가지 동물 이름의 초성이 있어요.
아래 **초성을 보고 동물 이름**을 맞혀 보세요!

🏆 답을 찾는 데
걸린 시간 ___초/분

정답 확인 246쪽    59

 **쓰기 칸에 동물 이름을 써 보세요!**

# 41
초성 게임

앞에서 초성으로 나온 동물 가운데
## '거북이' 이전에 나온 동물은 무엇일까요?

답을 찾는 데
걸린 시간 ___초/분

정답 확인 246쪽   60

호랑이

기러기

원숭이

코끼리

보기 가운데 알을 낳는 난생 동물은 무엇인가요?

**42**

초성 게임

두 가지 채소 이름의 초성이 있어요.
아래 **초성을 보고 채소 이름**을 맞혀 보세요!

답을 찾는 데
걸린 시간 ___초/분

정답 확인 246쪽    61

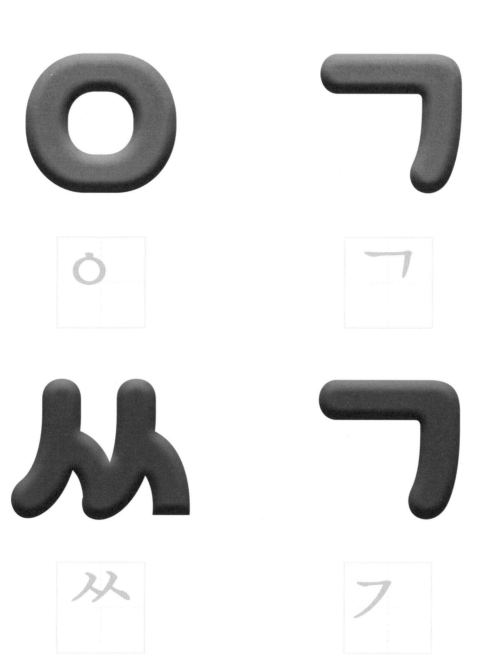

 **쓰기 칸에 채소 이름을 써 보세요!**

# 43
초성 게임

두 가지 채소 이름의 초성이 있어요.
아래 **초성을 보고 채소 이름**을 맞혀 보세요!

🏆 답을 찾는 데
걸린 시간 ___초/분

정답 확인 246쪽    62

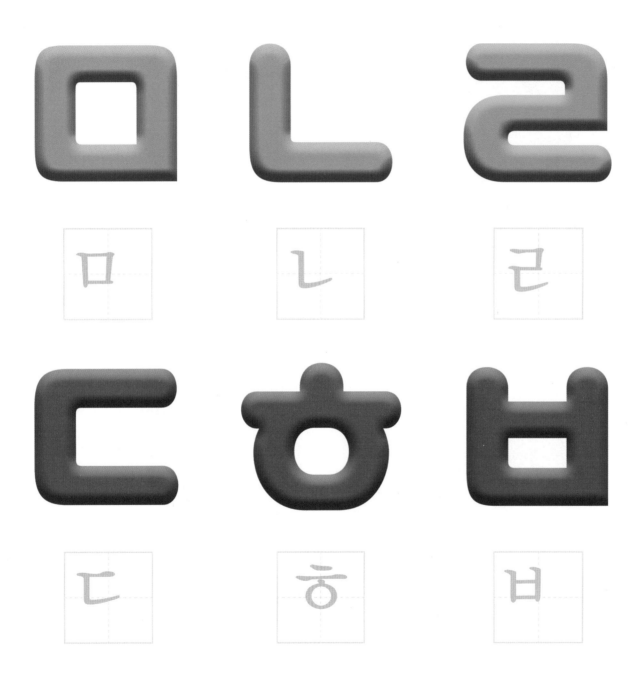

 쓰기 칸에 채소 이름을 써 보세요!

**44**

초성 게임

두 가지 채소 이름의 초성이 있어요.
아래 **초성을 보고 채소 이름**을 맞혀 보세요!

답을 찾는 데
걸린 시간 ___초/분

정답 확인 246쪽

63

ㅍ ㄱ ㅂ ㅅ

ㅍ ㄱ ㅂ ㅅ

ㅊ ㅇ ㄱ ㅊ

ㅊ ㅇ ㄱ ㅊ

 쓰기 칸에 채소 이름을 써 보세요!

# 45

초성 게임

앞에서 초성으로 나온 채소 가운데
## 없는 것은 무엇일까요?

🏆 답을 찾는 데
걸린 시간 ___초/분

정답 확인 246쪽　64

연근

팽이버섯

미나리

단호박

 정답의 초성을 말해 봐요!

**46**

초성 게임

앞에서 초성으로 나온 채소들을 떠올려 보세요.
**나온 순서대로 나열한 것**은 몇 번일까요?

🏆 답을 찾는 데
걸린 시간 ___초/분

정답 확인 247쪽   65

| ① | ② | ③ | ④ |
|---|---|---|---|
| 연근 | 연근 | 쑥갓 | 쑥갓 |
| 쑥갓 | 쑥갓 | 연근 | 연근 |
| 미나리 | 단호박 | 미나리 | 단호박 |
| 단호박 | 미나리 | 단호박 | 미나리 |
| 표고버섯 | 표고버섯 | 표고버섯 | 표고버섯 |
| 청양고추 | 청양고추 | 청양고추 | 청양고추 |

## 47
초성 게임

두 가지 탈것 이름의 초성이 있어요.
아래 **초성**을 보고 **탈것 이름**을 맞혀 보세요!

🏆 답을 찾는 데
걸린 시간 ___초/분

정답 확인 247쪽   66

🌱 **쓰기 칸에 탈것 이름을 써 보세요!**

# 48

초성 게임

두 가지 탈것 이름의 초성이 있어요.
아래 **초성을 보고 탈것 이름**을 맞혀 보세요!

답을 찾는 데
걸린 시간 ___초/분

정답 확인 247쪽    67

 쓰기 칸에 탈것 이름을 써 보세요!

**49**

초성 게임

두 가지 탈것 이름의 초성이 있어요.
아래 **초성을 보고 탈것 이름**을 맞혀 보세요!

답을 찾는 데
걸린 시간 ___초/분

정답 확인 247쪽    68

 **쓰기 칸에 탈것 이름을 써 보세요!**

# 50

초성 게임

두 가지 탈것 이름의 초성이 있어요.
아래 **초성을 보고 탈것 이름**을 맞혀 보세요!

🏆 답을 찾는 데
걸린 시간 ___초/분

정답 확인 247쪽    69

 쓰기 칸에 탈것 이름을 써 보세요!

# 51
초성 게임

앞에서 초성으로 나온 탈것들을 떠올려 보세요.
## 세 번째로 나온 것은 어느 것일까요?

🏆 답을 찾는 데
걸린 시간 ___초/분

정답 확인 247쪽   70

비행기

오토바이

지하철

버스

 내가 가장 자주 이용하는 교통수단을 말해 봐요!

**52**

초성 게임

앞에서 초성으로 나온 탈것들을 떠올려 보세요.

# 나온 순서대로 나열한 것은 몇 번일까요?

🏆 답을 찾는 데

걸린 시간 ___초/분

정답 확인 247쪽　71

| ① | ② | ③ | ④ |
|---|---|---|---|
| 기차 | 기차 | 기차 | 기차 |
| 버스 | 버스 | 트럭 | 트럭 |
| 지하철 | 지하철 | 지하철 | 지하철 |
| 자동차 | 비행기 | 자동차 | 비행기 |
| 비행기 | 자동차 | 비행기 | 자동차 |
| 오토바이 | 오토바이 | 오토바이 | 오토바이 |
| 트럭 | 트럭 | 버스 | 버스 |
| 자전거 | 자전거 | 자전거 | 자전거 |

# 치매에 걸리면 나타날 수 있는 징후

**1.**
**일상생활에 영향을 줄 정도로**
**기억력이 저하됩니다.**

최근의 경험이나 일을 기억하지 못하거나 같은 말을 반복해서 처음 하는 것처럼 되풀이하여 이야기합니다.

시간이나 장소를 혼동하여 자신이 어떻게 그 장소에 왔는지 기억하지 못할 수 있습니다.

물건을 엉뚱한 곳에 두고 다른 사람이 가져갔다고 원망하기도 합니다.

**2.**
**평소에 익숙히 해내던 일도**
**마무리하지 못합니다.**

익숙한 요리를 하거나 운전을 할 때도 이전보다 시간이 훨씬 많이 걸리고 집중하여 마무리 짓는 데 어려움을 느낍니다.

숫자와 관련된 업무에 있어 이전과 다름을 느낄 수 있습니다.

이러한 변화를 느끼기 때문에 다른 사람과 어울리는 외부활동을 꺼리는 경우가 많습니다.

| 정상 노인의 기억력 저하 | 치매 노인의 기억력 저하 |
| --- | --- |
| 뇌의 자연적인 노화현상이 원인이다. | 뇌의 질병이나 손상이 원인이다. |
| 최근 경험한 일에 대해 경험 사실 일부를 잊어버린다. | 최근 경험한 일에 대해 경험 사실 자체를 잊어버린다. |
| 기억장애로 진행되지 않는다. | 기억장애가 심해지며 판단력도 떨어진다. |
| 잊어버린 사실을 스스로 안다. | 잊어버린 사실 자체를 모른다. |
| 일상생활에 지장이 없다. | 일상생활에 지장을 받는다. |

● 치매의 징후

기억력이 저하된다

물건을 잃어버린다

외부활동을 꺼린다

시력에 문제가 생긴다

말하기 쓰기가 힘들다

기분·성격이 수시로 변한다

시간·장소를 혼동한다

익숙했던 일이 힘들다

## 3.
### 기분과 성격이
### 수시로 변합니다.

수시로 우울감을 느끼거나 남을 의심하여 불안해하거나 두려워하기도 합니다.

익숙하지 않은 환경에서는 기분이 급변할 수 있습니다.

## 4.
### 판단력이
### 저하됩니다.

상황 판단이나 의사결정에 어려움을 겪습니다.

터무니없는 가격으로 물건을 구매하여 금전적인 손해를 입고, 평소와 달리 몸이나 외모를 청결히 하지 않기도 하며, 남의 눈을 의식하지 못해 다른 사람에게 피해를 주는 행동을 하기도 합니다.

## 5.
### 시력에 문제가
### 발생할 수 있습니다.

알츠하이머 치매의 첫 징후로 시력에 문제가 생기기도 합니다.

거리 판단, 색깔이나 명암의 구분, 읽기 등에 어려움이 생겨 운전할 때나 일상생활에 문제가 발생할 수 있습니다.

## 6.
### 말하기 또는 쓰기에서 적절한 단어 사용이
### 힘들어집니다.

대화의 흐름을 따라가거나 대화에 참여하는 데 어려움을 겪을 수 있습니다.

대화 도중에 중단했다가 어떻게 계속해야 할지 모르고 같은 말을 되풀이하게 됩니다.

적절한 어휘 사용에 곤란을 겪고 사물을 틀린 이름으로 부르기도 합니다.

# 3강
# 숨은 그림 찾기

▶ 탑클래스 숨은그림찾기 모음 🔍

시공간 능력과 집중력 향상에 도움을 주는 숨은 그림 찾기 게임입니다. 제시한 그림을 큰 그림 속에서 찾아내면 됩니다. 제시된 그림을 찾아 색칠하기, 그림 완성하기, 부분 찾기 등의 부가 활동으로 색 구별 능력과 문제해결 능력을 향상할 수 있습니다.

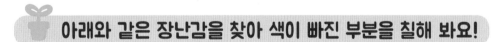

아래와 같은 장난감을 찾아 색이 빠진 부분을 칠해 봐요!

아래와 같은 캐릭터를 찾아 그림을 완성해 봐요!

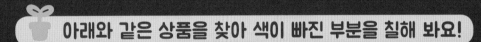
아래와 같은 상품을 찾아 색이 빠진 부분을 칠해 봐요!

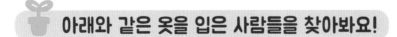
아래와 같은 옷을 입은 사람들을 찾아봐요!

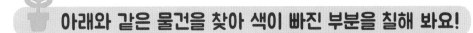
아래와 같은 물건을 찾아 색이 빠진 부분을 칠해 봐요!

 그림에 하트가 있는 캐릭터를 찾아봐요!

 아래와 같은 상품을 찾아 색이 빠진 부분을 칠해 봐요!

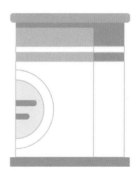

아래 그림에 해당하는 강아지를 찾아봐요!

 '금연구역'이라는 내용의 표지판을 찾아봐요!

 '보행금지'라는 내용의 표지판을 찾아봐요!

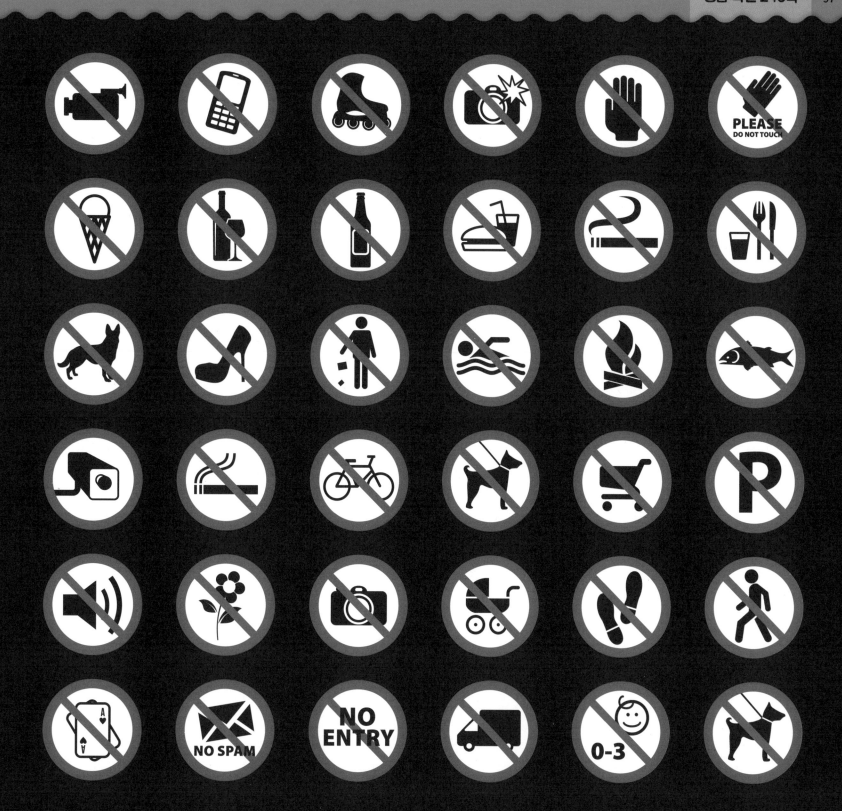

# 과학실에 다양한 실험 기구들이 있어요.
## 아래와 같은 실험 기구는 어디에 있나요?

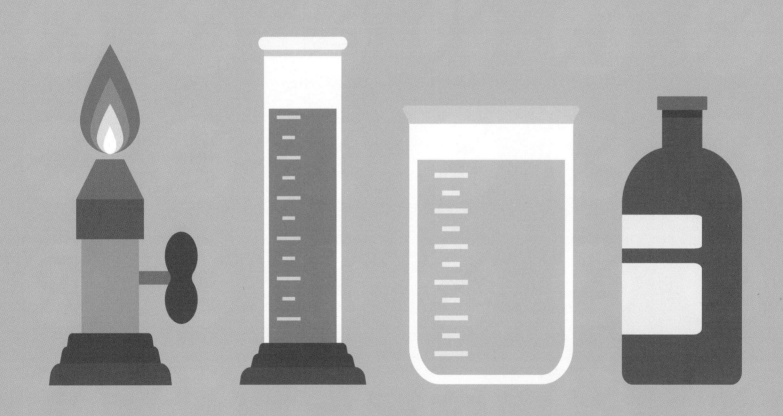

 안경을 쓴 사람은 몇 명인가요?  수염이 있는 사람은 몇 명인가요?

 아래와 같은 그림을 찾아 색이 빠진 부분을 칠해 봐요!

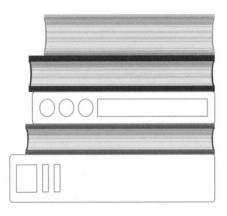

 아래와 같은 이모티콘을 찾아 그림을 완성해 봐요!

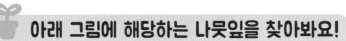
아래 그림에 해당하는 나뭇잎을 찾아봐요!

## 차로 위에 자동차들이 많이 있어요.
## 아래와 같은 자동차는 어디에 있나요?

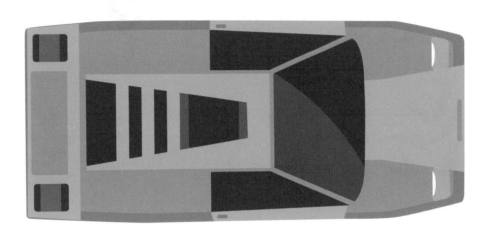

아래와 같은 자동차는 모두 몇 대인가요?(차의 방향은 관계없습니다.)

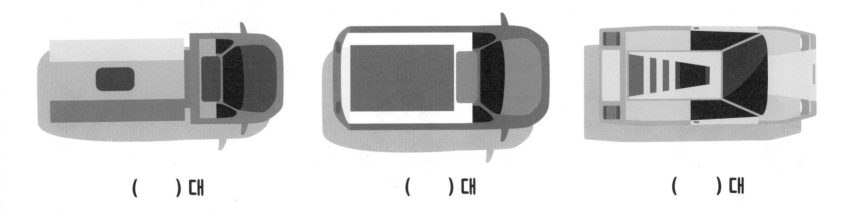

( ) 대              ( ) 대              ( ) 대

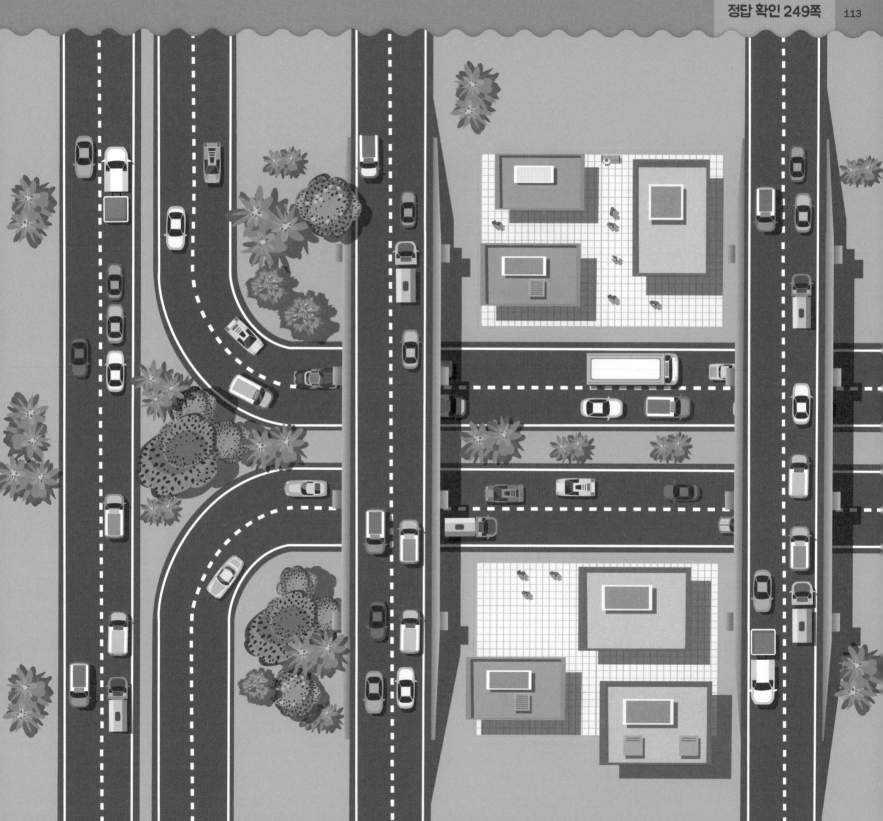

 아래와 같은 이모티콘을 찾아 색이 빠진 부분을 칠해 봐요!

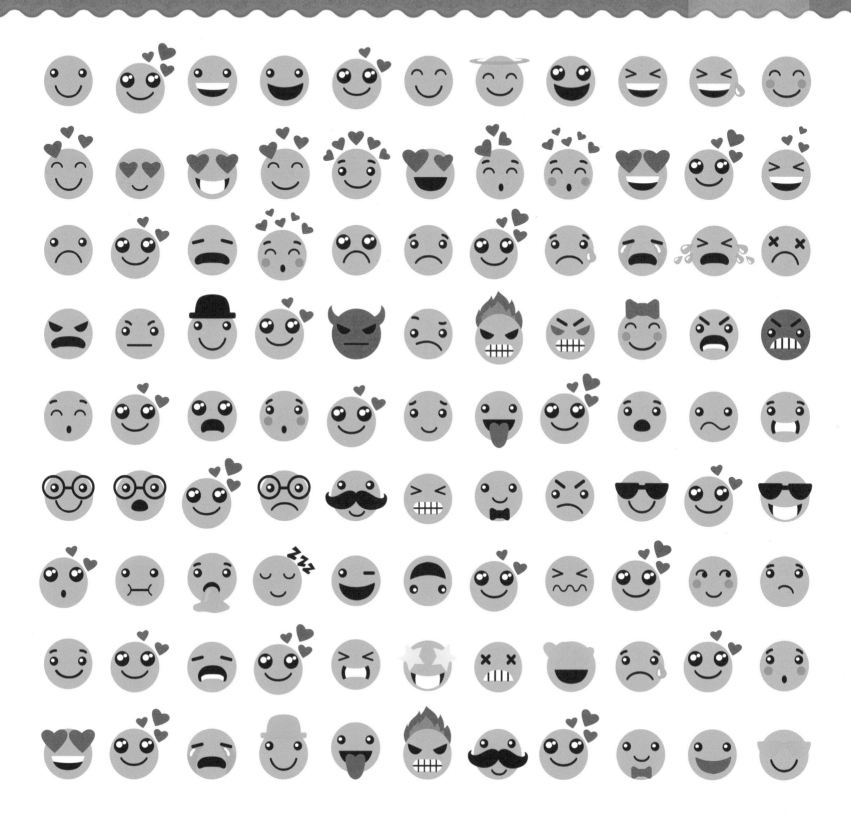

# 행복한 생각으로 치유된 치매

갑자기 치매가 발병한 58세 남성 환자가 있었습니다.

그는 외출했다가 집을 찾지 못하거나 1분 전에 자신이 한 말도 기억하지 못하는 등 병세가 급속도로 악화되어 갔습니다.

절망감, 불안감으로 가족들과 자주 다투게 되고, 병세는 더욱 나빠졌습니다.

담당 의사였던 〈뇌내혁명〉의 저자 시게오 박사는 그 환자가 좋아하는 것부터 점검하였습니다.

환자가 과거에 낚시광이었다는 사실을 알아낸 박사는 낚시 관련 영상을 준비해 환자에게 보여 주었습니다.

영상을 보자 어두웠던 환자의 얼굴은 금세 환해졌습니다.

박사는 환자가 기억력을 되살리고, 두뇌 활동이 원활하도록 대화를 하였습니다.

"젊었을 때 낚시하면서 겪은 재밌는 이야기를 들려주세요."

환자는 과거의 기억을 떠올리며 얼마나 큰 물고기를 잡았고,

그때 얼마나 신났는지를 말하면서 차츰 기억력도 되살아났습니다.

박사는 환자에게 앞으로 틈이 날 때마다 눈을 감고, 낚시를 하면서 즐거웠던 기억을
세세히 떠올려 보라고 말했습니다.
박사는 이것이 최상의 약이라고 덧붙였습니다.
환자는 박사의 말대로 실천하였고, 기억력을 회복해 산책 후 집을 찾아올 수 있게
되었습니다.

자주 화를 내고 가족들과 다투는 일도 없어졌으며,
콜레스테롤 수치도 정상이 되었습니다.
몇 주 후 뇌파 검사에서도 알파파가 많이
증가한 것으로 나타났습니다.
행복한 생각이 세포간의 연결 생성을 촉진하여
다시 건강한 뇌로 만들어 주었다는 점에서
난치병인 치매를 극복할 수 있다는
희망적인 소식이라 할 수 있습니다.

# 4강
# 순발력 테스트

수 감각 능력과 순발력, 주의력 향상에 도움이 되는 순발력 테스트입니다. 숫자를 빠르게 순서대로 짚는 게임과 많은 수 가운데 없는 수를 찾는 게임으로 구성하였습니다. 부가 활동으로 수의 비교, 간단한 덧셈과 뺄셈 등 수리력과 판단력을 향상하는 문제들이 있습니다.

**73**

순발력 테스트

1~9의 수가 있습니다.
## 작은 수부터 순서대로 짚어 보세요.

⌛ 답을 찾는 데
걸린 시간 ___초/분

정답은 없어요!  120

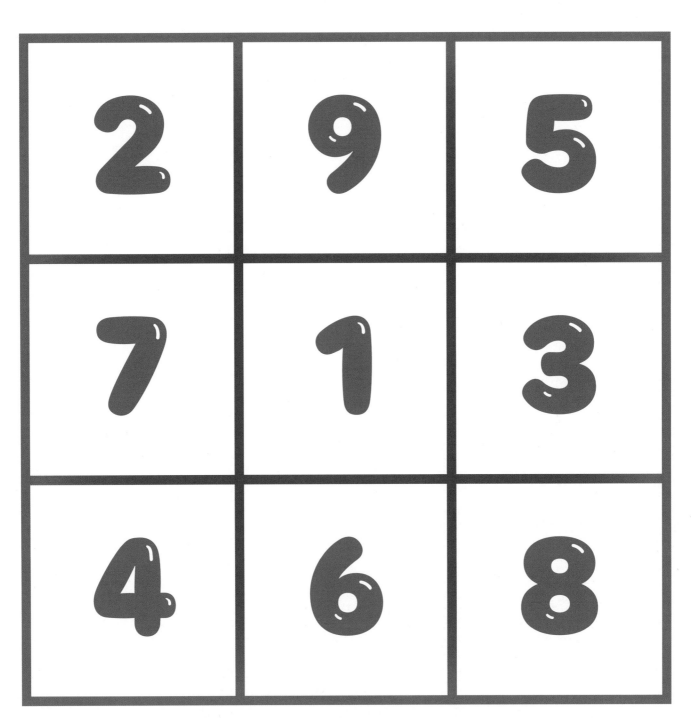

 2, 8을 순서대로 빠르게 짚어 보세요.

## 74
순발력 테스트

1~9의 수가 있습니다.
**작은 수부터 순서대로** 짚어 보세요.

⏳ 답을 찾는 데
걸린 시간 ___초/분

정답은 없어요! 121

| | | |
|---|---|---|
| 7 | 아홉 | 1 |
| 둘 | 4 | 다섯 |
| 8 | 삼 | 6 |

 6, 2, 9를 순서대로 빠르게 짚어 보세요.

# 75

순발력 테스트

1~16의 수가 있습니다.

## 작은 수부터 순서대로 짚어 보세요.

⧖ 답을 찾는 데
걸린 시간 ___초/분

정답은 없어요!  122

| 13 | 8 | 15 | 5 |
|----|----|----|----|
| 6 | 10 | 2 | 3 |
| 1 | 12 | 16 | 14 |
| 9 | 4 | 7 | 11 |

 홀수를 작은 수부터 순서대로 짚어 보세요.

**76**

순발력 테스트

1~16의 수가 있습니다.

**작은 수부터 순서대로** 짚어 보세요.

답을 찾는 데
걸린 시간 ___초/분

정답은 없어요!  123

| | | | |
|---|---|---|---|
| 11 | 십삼 | 1 | 팔 |
| 열다섯 | 5 | 16 | 14 |
| 사 | 2 | 9 | 여섯 |
| 7 | 12 | 셋 | 10 |

 **짝수를 작은 수부터 순서대로 짚어 보세요.**

**77**

순발력 테스트

1~25의 수가 있습니다.

**작은 수부터 순서대로** 짚어 보세요.

⏳ 답을 찾는 데
걸린 시간 ___초/분

정답은 없어요! 124

| 22 | 10 | 18 | 6 | 13 |
|----|----|----|----|----|
| 15 | 2 | 24 | 20 | 23 |
| 7 | 12 | 8 | 3 | 19 |
| 25 | 4 | 16 | 11 | 5 |
| 9 | 17 | 21 | 14 | 1 |

 5의 배수를 작은 수부터 순서대로 짚어 보세요. (5, 10, 15, 20, 25)

**78**

순발력 테스트

1~25의 수가 있습니다.

# 작은 수부터 순서대로 짚어 보세요.

⌛ 답을 찾는 데
걸린 시간 ___초/분

정답은 없어요! 125

| | | | | |
|---|---|---|---|---|
| 12 | 15 | 오 | 19 | 십사 |
| 이십 | 1 | 24 | 열 | 7 |
| 22 | 구 | 열여섯 | 2 | 25 |
| 여섯 | 4 | 17 | 13 | 스물셋 |
| 8 | 11 | 셋 | 21 | 18 |

 짝수 세 개를 짚어 보세요.

# 79
순발력 테스트

1~25의 수가 있습니다.
## 큰 수부터 순서대로 짚어 보세요.

⏳ 답을 찾는 데
걸린 시간 ___초/분

정답은 없어요!  126

| | | | | |
|---|---|---|---|---|
| 12 | 1 | 5 | 19 | 14 |
| 20 | 8 | 24 | 11 | 7 |
| 22 | 4 | 16 | 2 | 25 |
| 6 | 17 | 9 | 13 | 23 |
| 10 | 21 | 3 | 15 | 18 |

 홀수를 큰 수부터 순서대로 짚어 보세요.

**80**

순발력 테스트

11~35의 수가 있습니다.
## 작은 수부터 순서대로 짚어보세요.

⧖ 답을 찾는 데
걸린 시간 ___초/분

정답은 없어요!　127

| | | | | |
|---|---|---|---|---|
| 20 | 25 | 22 | 30 | 18 |
| 28 | 12 | 33 | 31 | 14 |
| 16 | 15 | 27 | 23 | 35 |
| 24 | 34 | 19 | 11 | 21 |
| 29 | 13 | 32 | 17 | 26 |

 24, 17, 30을 순서대로 빠르게 짚어 보세요.　 짝수를 큰 수부터 순서대로 짚어 보세요.

# 81

순발력 테스트

11~35의 수가 있습니다.

## 작은 수부터 순서대로 짚어 보세요.

⏳ 답을 찾는 데
걸린 시간 ___초/분

정답은 없어요! 128

| | | | | |
|---|---|---|---|---|
| 12 | 열아홉 | 34 | 이십이 | 15 |
| 28 | 삼십이 | 십칠 | 11 | 24 |
| 스물다섯 | 14 | 29 | 31 | 서른다섯 |
| 18 | 스물 | 21 | 열셋 | 26 |
| 30 | 23 | 스물일곱 | 16 | 33 |

 20, 28, 35를 순서대로 빠르게 짚어 보세요.  5+6의 답을 짚어 보세요.

# 82

순발력 테스트

11~35의 수가 있습니다.

## 큰 수부터 순서대로 짚어 보세요.

⏳ 답을 찾는 데
걸린 시간 ___초/분

정답은 없어요! 129

| | | | | |
|---|---|---|---|---|
| 열하나 | 32 | 15 | 28 | 이십일 |
| 22 | 스물넷 | 열둘 | 26 | 14 |
| 십육 | 33 | 18 | 이십구 | 23 |
| 27 | 십삼 | 35 | 20 | 삼십사 |
| 19 | 서른 | 25 | 열일곱 | 31 |

 11, 13, 15, 17을 순서대로 빠르게 짚어 보세요.  짝수를 큰 수부터 순서대로 짚어 보세요.

# 83

순발력 테스트

1~3의 수가 있습니다. 빨강, 노랑, 초록색 순으로
## 작은 수부터 순서대로 짚어 보세요.

⏳ 답을 찾는 데
걸린 시간 ___초/분

정답은 없어요!   130

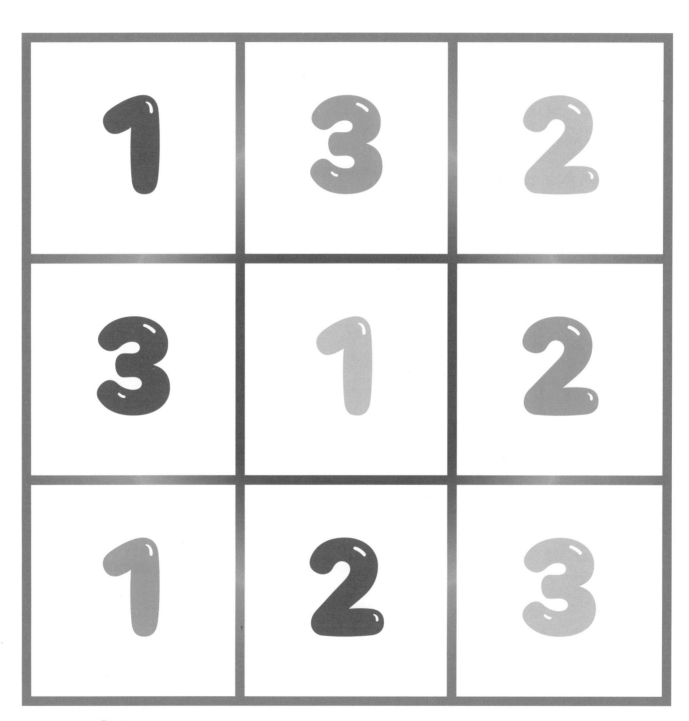

 노랑, 초록, 빨강색 순으로 작은 수부터 순서대로 짚어 보세요.

# 84
순발력 테스트

1~5의 수가 있습니다. 빨강, 노랑, 초록색 순으로
## 작은 수부터 순서대로 짚어 보세요.

⏳ 답을 찾는 데
걸린 시간 ___초/분

정답은 없어요! 131

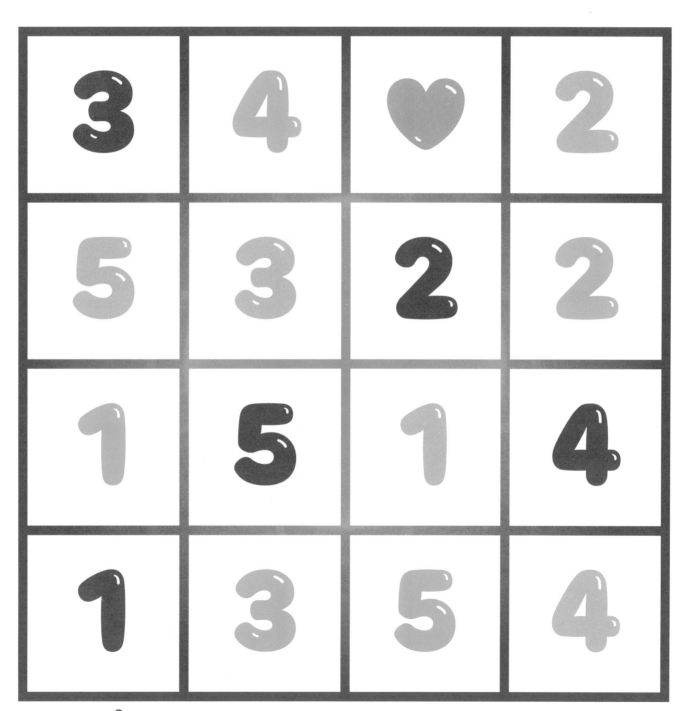

 초록, 노랑, 빨강색 순으로 큰 수부터 순서대로 짚어 보세요.

# 85

순발력 테스트

1~5의 수가 있습니다. 빨강, 노랑, 초록, 파랑, 보라
순으로 **작은 수부터 순서대로** 짚어 보세요.

⏳ 답을 찾는 데
걸린 시간 ___초/분

**정답은 없어요!** 132

| | | | | |
|---|---|---|---|---|
| 1 | 3 | 5 | 1 | 4 |
| 5 | 5 | 3 | 2 | 3 |
| 2 | 3 | 2 | 1 | 4 |
| 5 | 2 | 5 | 2 | 4 |
| 4 | 1 | 1 | 3 | 4 |

 파랑 1, 3, 2, 4, 5 초록 2, 3, 4, 5, 1 보라 3, 5, 2, 1, 4 순으로 빠르게 짚어 보세요.

**86**

순발력 테스트

한 자리 수와 두 자리 수가 섞여 있어요.
**작은 수부터 순서대로** 짚어 보세요.

⧖ 답을 찾는 데
걸린 시간 ___초/분

**정답은 없어요!** 133

| | | |
|---|---|---|
| 24 | 6 | 사십오 |
| 열둘 | 52 | 14 |
| 2 | 17 | 팔 |

 큰 수부터 순서대로 짚어 보세요.

| | | | |
|---|---|---|---|
| 12 | 십일 | 14 | 칠 |
| 열아홉 | 9 | 십육 | 18 |
| 2 | 십삼 | 8 | 스물 |
| 17 | 6 | 셋 | 10 |

 작은 수부터 순서대로 짚어 보세요.

# 88
순발력 테스트

1~20의 수가 있습니다.
## 없는 수 두 개를 찾아보세요!

⌛ 답을 찾는 데
걸린 시간 ___초/분

정답 확인 250쪽    135

01  02  03  04

05 06 07 08 10

11  12  13  14

15 16 18 19 20

 홀수는 모두 몇 개인가요?

**89**

순발력 테스트

1~30의 수가 있습니다.

# 없는 수 두 개를 찾아보세요!

답을 찾는 데
걸린 시간 ___초/분

정답 확인 250쪽  136

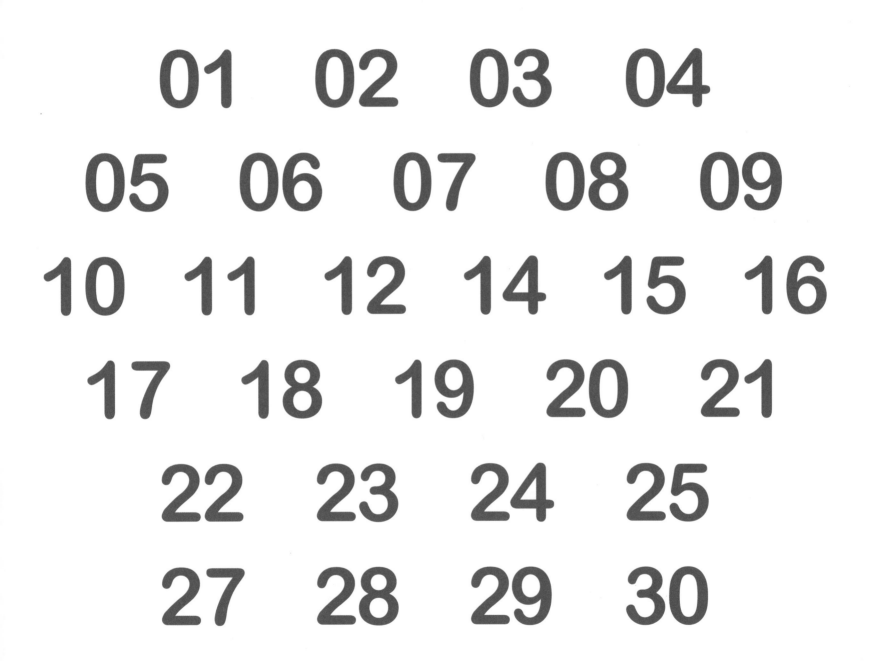

01  02  03  04

05  06  07  08  09

10  11  12  14  15  16

17  18  19  20  21

22  23  24  25

27  28  29  30

짝수는 모두 몇 개인가요?

**90**

순발력 테스트

21~50의 수가 있습니다.
**없는 수 세 개**를 찾아보세요!

답을 찾는 데
걸린 시간 ___초/분

정답 확인 250쪽  137

21  22  23  24  25

27  28  29  30  31  32

33  34  36  37  38

39  40  41  42  43  45

46  47  48  49  50

 세 개의 답 가운데 가장 작은 수와 가장 큰 수를 더하면 얼마인가요?

# 91
순발력 테스트

1~30의 수가 있습니다.
**없는 수 두 개**를 찾아보세요!

⏳ 답을 찾는 데
걸린 시간 ___초/분

정답 확인 250쪽　138

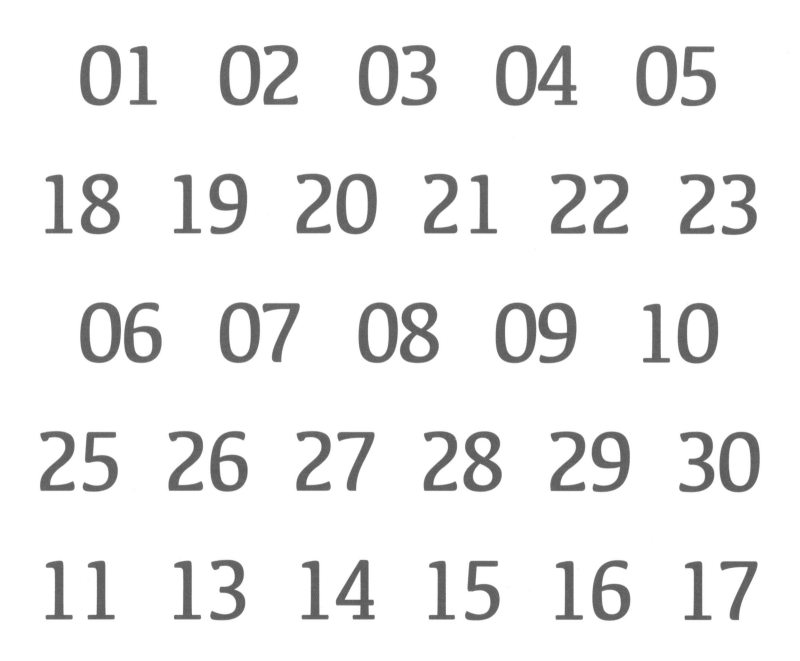

01 02 03 04 05

18 19 20 21 22 23

06 07 08 09 10

25 26 27 28 29 30

11 13 14 15 16 17

 **두 개의 답 가운데 큰 수에서 작은 수를 빼면 답은 10보다 큰가요?**

**92**
순발력 테스트

41~80의 수가 있습니다.
**없는 수 세 개**를 찾아보세요!

⏳ 답을 찾는 데
걸린 시간 ___초/분

정답 확인 250쪽   139

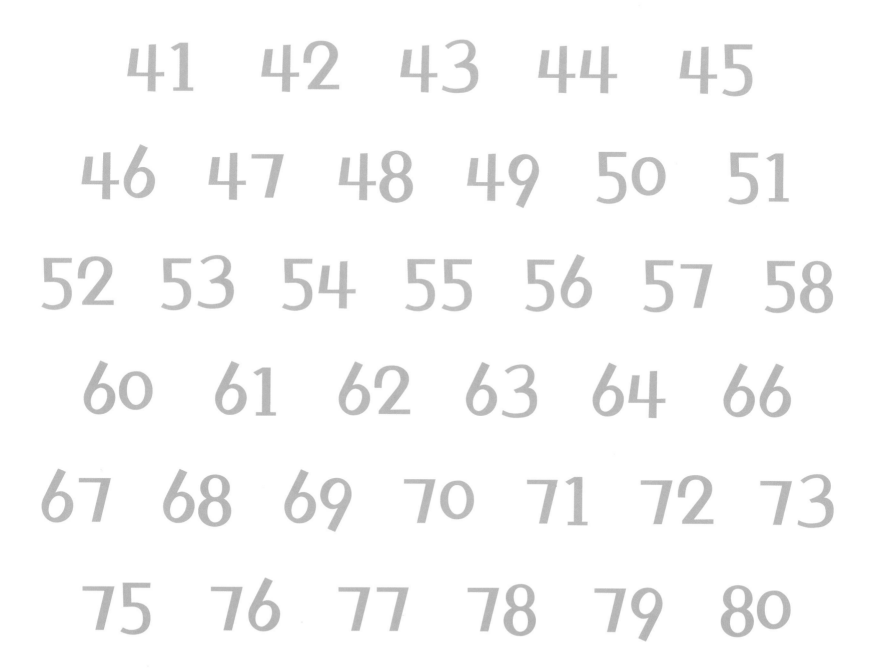

41 42 43 44 45

46 47 48 49 50 51

52 53 54 55 56 57 58

60 61 62 63 64 66

67 68 69 70 71 72 73

75 76 77 78 79 80

5가 포함된 수는 모두 몇 개인가요?

# 93
순발력 테스트

1~65의 수가 있습니다.
## 없는 수 세 개를 찾아보세요!

답을 찾는 데
걸린 시간 ___초/분

정답 확인 250쪽  140

01 02 03 04 05 06 07

08 09 10 12 13 14 15 16

17 18 19 20 21 22 23 24

25 26 27 28 29 30 31 32

33 34 35 36 37 38 39 40

41 42 43 44 45 46 48 49

50 51 52 53 54 55 56 57

58 59 60 61 63 64 65

짝수 가운데 두 번째로 큰 수는 무엇인가요?

**94**

순발력 테스트

1~40의 수가 있습니다.

**없는 수 두 개**를 찾아보세요!

답을 찾는 데

걸린 시간 ___초/분

정답 확인 250쪽　141

15　16　17　18　19　20

27　28　29　30　31　32

07　08　09　10　11　12　13

21　22　23　24　25　26

34　35　36　37　38　39　40

01　02　03　04　05　06

두 개의 답을 더하면 얼마인가요?

**95**

순발력 테스트

36~85의 수가 있습니다.

**없는 수 세 개**를 찾아보세요!

답을 찾는 데
걸린 시간 ___초/분

정답 확인 250쪽    142

52 53 54 55 56 57 58 59

36 37 38 39 40 41 43 44

68 69 70 71 72 73 74 75 76

45 46 47 48 49 50 51

77 78 79 81 82 83 84 85

60 61 62 63 64 65 66

 세 개의 답 가운데 가장 큰 수에서 가장 작은 수를 빼면 얼마인가요?

**96**

순발력 테스트

11~50의 수가 있습니다.

## 범위 밖의 수 두 개를 찾아보세요!

답을 찾는 데
걸린 시간 ___초/분

정답 확인 251쪽    143

11  12  13  14  15  16  17

31  32  33  34  35  63  37

18  19  20  21  22  23  24

45  46  47  48  49  50  51

38  39  40  41  42  43  44

25  26  27  28  29  30

 홀수 가운데 네 번째로 큰 수는 무엇인가요?

1~65의 수가 있습니다.

## 없는 수 두 개를 찾아보세요!

26　27　28　29　30　31　32　33

58　59　60　61　62　63　64　65

09　10　11　12　13　14　15　16

50　51　52　53　54　55　56　57

34　35　36　38　39　40　41　42

17　18　20　21　22　23　24　25

43　44　45　46　47　48　49

01　02　03　04　05　06　07　08

정답 가운데 짝수는 무엇인가요?

# 98

1~80의 수가 있습니다.
## 없는 수를 찾아보세요!

⏳ 답을 찾는 데
걸린 시간 ___초/분

정답 확인 251쪽

01  02  03  04  05  06  07  08  09

10  11  12  13  14  15  16  17  18  19  20

21  23  24  25  26  27  28  29  30  31

32  33  34  35  36  37  38  39  40

41  42  43  44  45  46  47  49  50

51  52  53  54  55  56  57  58  59  60

61  62  63  64  65  66  67  68  69

70  72  73  74  75  76  77  78  79  80

🌼 7이 포함된 수는 모두 몇 개인가요?

**99**
순발력 테스트

81~130의 수가 있습니다.
**없는 수**를 찾아보세요!

⧖ 답을 찾는 데
걸린 시간 ___초/분

정답 확인 251쪽    146

104  105  106  107  108  109

89  90  91  92  93  94  95  97

125  126  127  128  129  130

81  82  83  84  85  86  87  88

111  112  113  114  115  116  117

98  99  100  101  102  103

118  119  120  121  122  124

 세 개의 답 가운데 가장 큰 수에서 30을 빼면 가장 작은 수보다 큰가요?

# 100
순발력 테스트

21~85의 수가 있습니다.
## 범위 밖의 수를 찾아보세요!

⏳ 답을 찾는 데
걸린 시간 ___초/분

정답 확인 251쪽    147

48 49 50 51 52 34 35 36 37 38

53 54 55 56 20 30 31 32 33

25 26 27 28 29 67 68 69 70

21 22 23 24 71 72 73 74 75

62 63 64 65 66 76 77 78 79 80

57 58 59 60 61 81 82 83 84 89

39 40 41 42 43 44 45 46 47

 8이 포함된 수는 모두 몇 개인가요?

# 101
순발력 테스트

1~80의 수가 있습니다.
## 없는 수를 찾아보세요!

⏳ 답을 찾는 데
걸린 시간 ___초/분

정답 확인 251쪽  148

31 32 33 34 35 36 37 38 39 40

22 23 24 25 26 27 28 29 30

51 52 53 54 55 56 57 58 59 60

70 71 72 73 74 76 77 78 79 80

41 42 43 44 45 46 47 48 49 50

01 02 03 04 05 06 07 08 09 10

61 62 63 64 65 66 67 68 69

11 12 13 14 15 17 18 19 20 21

🌱 두 개의 답 가운데 홀수에서 짝수를 빼면 얼마인가요?

# 102
순발력 테스트

1~100의 수가 있습니다.
## 없는 수 네 개를 찾아보세요!

⏳ 답을 찾는 데
걸린 시간 ___초/분

정답 확인 251쪽　149

01 02 03 04 05 06 07 08 09 10

11 13 14 15 16 17 18 19 20 21 22 23

24 25 26 27 28 29 30 31 32 34 35

36 37 38 39 40 41 42 43 44 45 46

47 48 49 50 52 53 54 55 56 57 58

59 60 61 62 63 64 65 66 67 68

69 70 71 72 73 74 75 76 77 78 79

80 81 82 83 84 85 87 88 89 90

91 92 93 94 95 96 97 98 99 100

 정답 가운데 가장 작은 수에 21을 더하면 정답은 홀수인가요?

# 걷기 명상

가볍게 걸으며 하는 명상으로 가만히 앉아 있기 힘든 분도 할 수 있는 두뇌 휴식법입니다.
걸으며 명상을 지속할수록 잡념은 사라지고, 스트레스 호르몬이 감소되어
암세포를 잡아먹는다는 NK세포를 활성화합니다. 자연히 면역력이 좋아지고,
집중력, 기억력 등 모든 두뇌의 능력이 향상됩니다.

### ☕ 명상하기

## 1

다리를 골반 너비로 벌리고,
두 다리에 고르게 무게를
싣습니다. 척추를 똑바로
펴고, 어깨의 긴장은
풀어줍니다.

## 2

고개를 앞, 뒤, 좌우로 천천히
돌려 목의 긴장을 풉니다.
양팔은 힘을 풀고 걷는 동안
자연스럽게 움직이게 합니다.

**3**

눈썹과 눈썹 사이 미간의 긴장을 풀고, 시선은 편안하게 앞을 바라봅니다.

**4**

이제 내 몸이 허공과 같다고 생각해 봅니다. 텅 비어 한없이 가벼운 몸이 됩니다. 몸을 움직여도 허공과 같은 몸은 움직인 흔적이 없습니다. 자연스러운 속도로 걸어봅니다.

**5**

생각이 일어나더라도 상관하지 않습니다. 억지로 없애려고 노력하지 않아도 됩니다. 생각은 허공에 스쳐가는 바람처럼 저절로 지나갑니다.

**6**

처음엔 5분 정도도 좋습니다. 내가 부담 없이 편안히 할 수 있는 시간부터 조금씩 늘려갑니다. 한 번에 긴 시간을 불규칙적으로 하기보다는, 짧은 시간이라도 규칙적으로 하는 것이 더 효과적입니다.

# 두뇌를 바꾸는 세 가지 비밀

두뇌는 고착된 것이 아니라 변화합니다. 우리가 치매 예방을 위해 두뇌 훈련을 하는 이유이기도 합니다. 뇌의 변화는 언제 일어나는 것일까요? 효과적인 치매 예방을 위해 꼭 알아야 하는 세 가지가 있습니다.

### 첫 번째는 '반복'입니다.

뇌신경 세포에 외부자극을 주게 되면 키나아제 A라는 단백질이 분비됩니다. 자극이 반복될수록 분비량이 늘어나고, 이는 시냅스를 자라게 합니다. 따라서 외부자극이 반복되는 만큼 새로운 신경망이 늘어나고, 신경전달물질도 빨리 전달되어 신경세포의 성능이 향상되게 됩니다. 그러므로 두뇌 훈련을 할 때 꾸준한 반복을 통해 치매와 더불어 다른 뇌질환까지도 효과적으로 예방할 수 있습니다.

## 두 번째는 '집중'입니다.

모든 종류의 반복되는 자극은 두뇌를 변화시키지만 집중할 때 더욱 강력한 신경 연결망을 만들어 냅니다. 여기서 자극이란 우리가 학습하고, 경험하는 모든 것을 말합니다. 우리의 두뇌는 실시간으로 보고 듣고 생각하는 많은 정보를 한꺼번에 처리합니다. 집중을 할 때 정보가 잘 전해져 강한 신경전달 물질을 생성하게 되고, 뇌신경에 변화를 주게 되는 것입니다. 다시 말해, 집중하는 활동이 치매를 예방하고 두뇌를 건강하게 변화시킬 수 있습니다.

## 세 번째는 '휴식'입니다.

두뇌 휴식에는 명상이나 참선, 묵상, 요가 등 여러 가지 방법이 있습니다. 두뇌 휴식은 치매가 오면 가장 먼저 나빠지는 능력인 집중력을 강화합니다. 휴식을 통해 뇌파를 세타파 상태로 유도해 긴장을 이완하고, 인지능력을 보호하며 스트레스 감소를 넘어서 뇌 용적을 증가시킬 수 있습니다. 또한, 해마의 용적과 연결이 증가해 기억력 역시 좋아집니다.

# 5강
# 서로 다른 곳 찾기

관찰력, 집중력 향상에 도움을 주는 틀린 그림 찾기 게임입니다. 두 그림을 비교하여 다른 곳을 찾으면 됩니다. 다양한 난이도의 심화문제, 주제와 관련하여 자신의 생각을 표현하는 부가 활동을 통해 언어 감각을 강화할 수 있습니다.

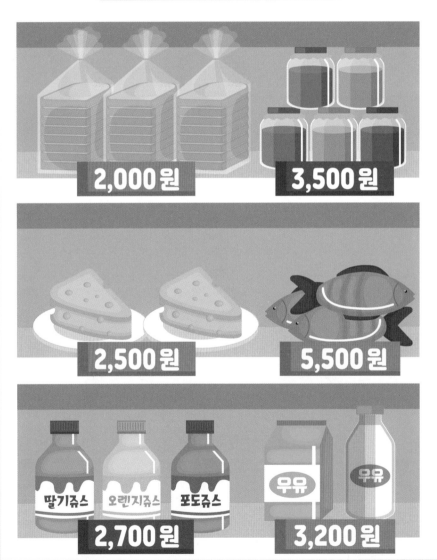

TOP 클래스 슈퍼마켓

2,000원

3,500원

2,500원

5,500원

딸기쥬스 오렌지쥬스 포도쥬스

2,700원

우유 우유

3,200원

내가 그림 속 슈퍼마켓에 간다면 무엇을 사고 싶나요?

치즈 한 개와 우유 한 병의 가격은 모두 얼마인가요?

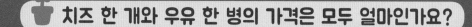

TOP
클래스 슈퍼마켓

2,000원　3,300원

2,500원　5,500원

딸기쥬스　오렌지쥬스　포도쥬스　우유　우유

2,700원　3,200원

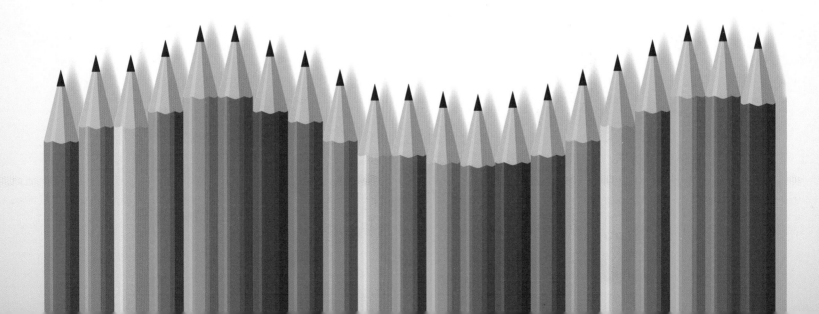

탑클래스와 함께

재밌게 치매예방

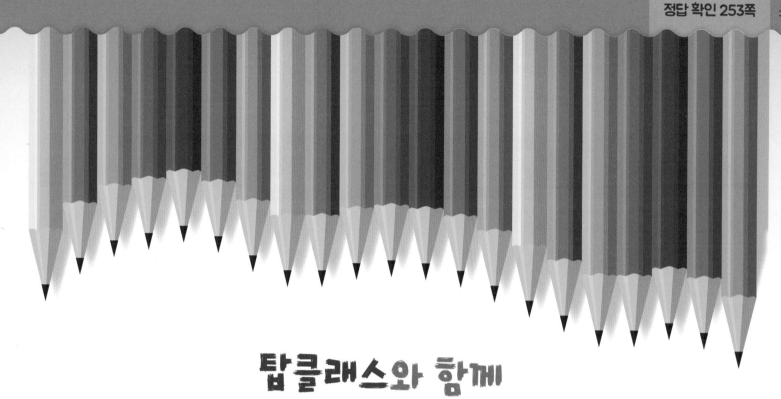

# 탑클래스와 함께
# 재밌게 치매예방

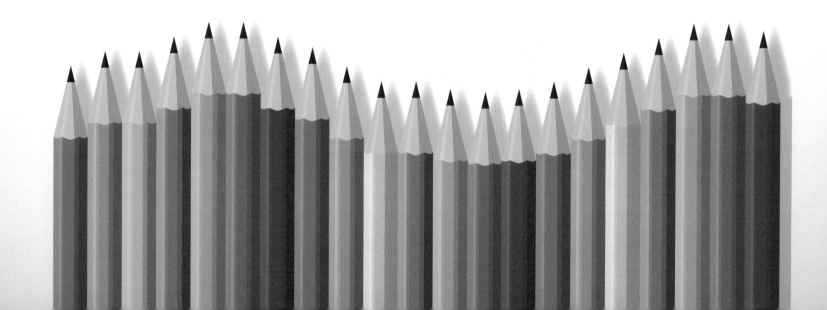

오이가 들어가는 음식 한 가지를 빈 공간에 적어 봐요!

닭으로 만든 요리 한 가지도 빈 공간에 적어 봐요!

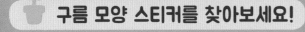 구름 모양 스티커를 찾아보세요!

그림에 있는 예쁜 메모지에 내가 오늘 감사했던 일 한 가지를 적어 봐요!

씽씽~ 신나는 아이들의 경주가 한창이네요.
## 서로 다른 네 부분을 찾아보세요!

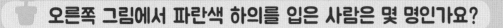

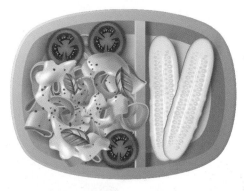

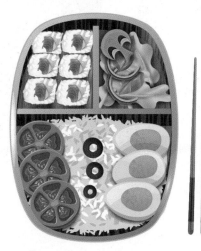

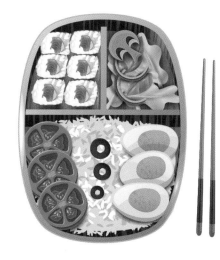

**무지개 색 일곱 가지를 순서대로 말해 봐요!**

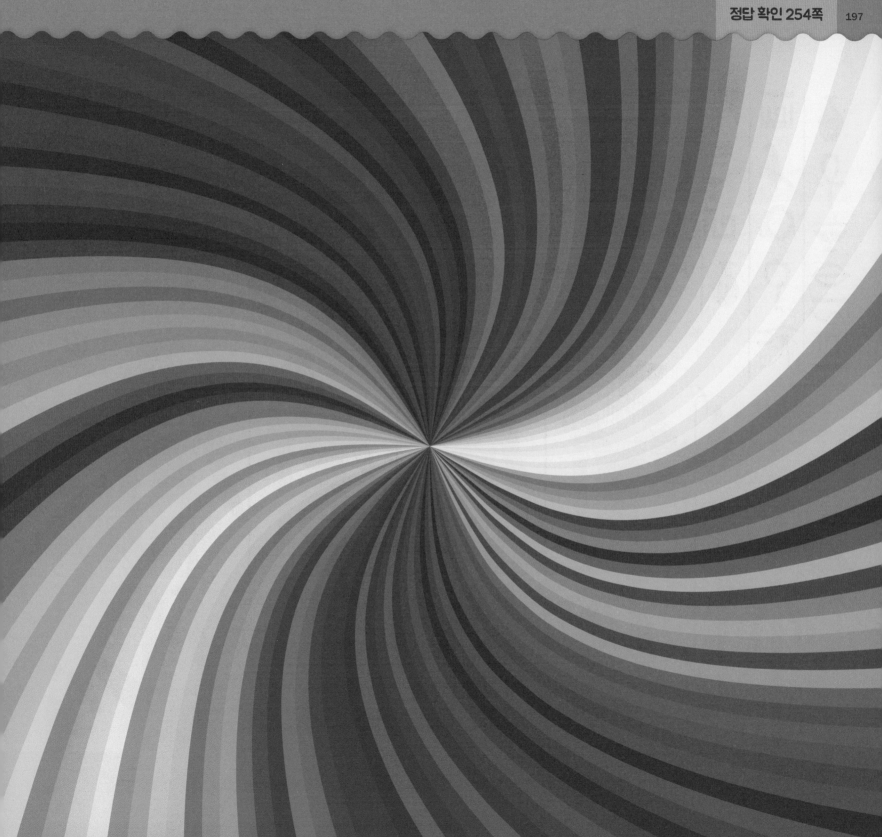

이집트에서 볼 것 같은 그림이네요.
## 서로 다른 다섯 곳을 찾아보세요!

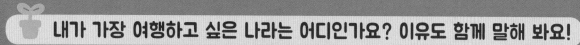

# 126

호수가 있는 아름다운 도시네요.
**서로 다른 다섯 곳을 찾아보세요!**

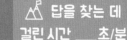

# 몸을 변화시키는 신기한 명상의 효과

과거에는 우리의 뇌가 몸과 정신의 활동을 결정한다고 봤지만,

지금은 신경과학의 연구가 발달되어 반대로

정신수련이 뇌에 영향을 미친다는 것이 입증되었습니다.

특히 치매의 예방이나 극복을 위해

두뇌 휴식은 훈련만큼이나 중요합니다.

하버드의대의 한 발표에 의하면

명상을 하면 해마의 부피가 커지는데

오랜 기간 명상을 한 사람일수록

그 차이는 뚜렷하였습니다.

## 명상은 어떻게 우리 몸을
## 변화시킬 수 있는 것일까요?

사람들은 뜻대로 다스려지지 않는 감정들과 고통, 정신적 스트레스로부터 자유로워지기 위해 명상을 하는 경우가 많습니다. 실제로 이러한 심리적 문제들은 우리 몸 곳곳에 염증과 불균형, 결핍 등을 만들며, 어느 순간 원인 모를 병으로 나타납니다.

예를 들어 치매환자 중 대다수는 발병하기 수년 전에 극심한 스트레스를 겪거나 과거의 해소되지 않은 트라우마로 마음의 고통을 겪어야 했던 경우들이 많습니다. 또한, 알츠하이머 치매는 지속적인 뇌손상이 15~20년 동안 진행되어 발병하는데, 스트레스 정도에 따라 진행되는 가속도는 달라집니다.

**이는 스트레스가 유일한 병의 원인은 아닐지라도
그 진행을 악화시킨다는 점은 분명합니다.**

우리 몸은 스트레스에 노출되면 위기 상황이라 인식해 혈압이 올라가고, 심장박동이 빨라지며, 교감신경이 활성화됩니다. 그뿐만 아니라, 부신피질에서 코르티솔이라는 호르몬이 분비되는데 이는 면역항체를 만들어 내는 면역계의 정보 소통을 막거나 둔감하게 하여 면역력을 저하시킵니다.

명상을 하면 이러한 코르티솔 호르몬이 감소되고, 암세포를 잡아 먹는다는 NK세포를 향상시켜 면역력이 좋아지게 됩니다. 또한, 부교감신경이 활성화되고, 행복 호르몬이라 불리는 세로토닌 분비가 촉진되어 심신이 안정되고 편안해집니다.

이 외에도 뇌파가 알파파나 세타파로 바뀌어 창의력과 통찰력, 기억력이 증가하여 효율적으로 뇌를 사용하는 효과가 있습니다.

# 6강
# 기억력 테스트

▶ 탑클래스 기억력테스트 모음 🔍

주의집중력과 기억력, 관찰력 향상에 도움이 되는 기억력 테스트입니다. 그림이나 숫자를 특정 시간 동안 관찰한 후 순서대로 기억해내면 됩니다. 부가 활동은 일상생활에 도움이 될 수 있는 기억력 강화 문제들로 구성되어 있습니다.

💡 **10초가 지났어요! 천천히 페이지를 넘겨 보세요!**

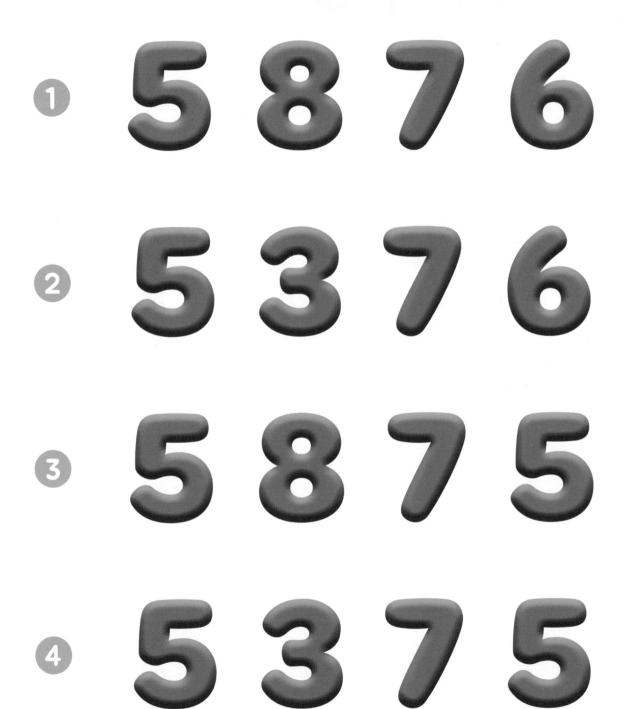

 **10초가 지났어요! 천천히 페이지를 넘겨 보세요!**

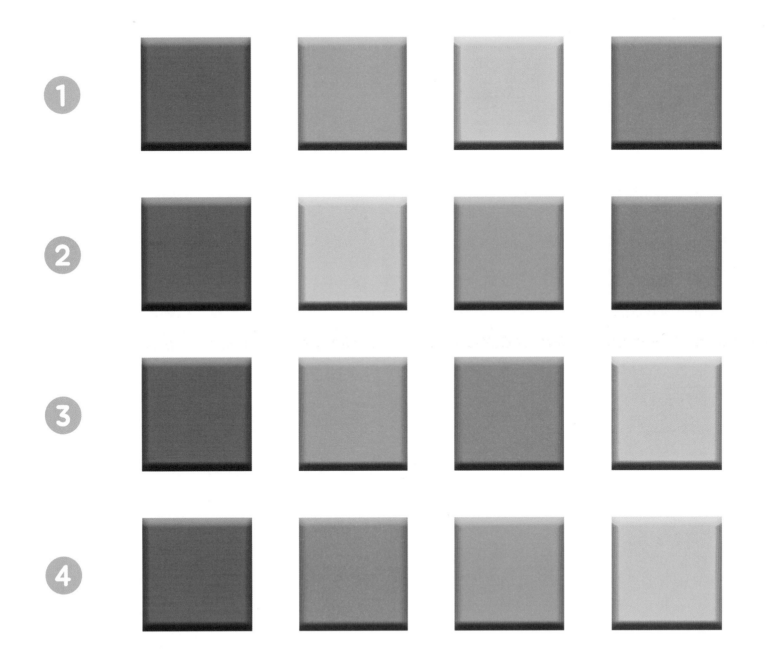

🌱 정답 가운데 첫 번째 그림 색깔의 과일 종류 두 가지를 말해 봐요!

 **20초가 지났어요! 천천히 페이지를 넘겨 보세요!**

①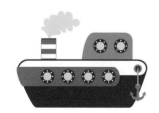

②

③

④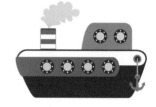

그림 가운데 내가 여행할 때 이용하고 싶은 교통수단을 말해 봐요!

20초가 지났어요! 천천히 페이지를 넘겨 보세요!

①

②

③

④

정답의 첫 번째 공은 무슨 운동을 할 때 사용하는 공일까요?

# 349076

 **20초가 지났어요! 천천히 페이지를 넘겨 보세요!**

# Q

앞서 관찰한 숫자를
**순서대로 잘 배열한 것**은 어느 것일까요?

💡 답을 찾는 데 걸린 시간 ___초/분

정답 확인 255쪽

① 340975

② 349075

③ 340976

④ 349076

 **20초가 지났어요! 천천히 페이지를 넘겨 보세요!**

어제 내가 입었던 옷은 무엇이었나요? 생각나는 대로 말해 보세요!

💡 30초가 지났어요! 천천히 페이지를 넘겨 보세요!

 **30초가 지났어요! 천천히 페이지를 넘겨 보세요!**

① ② ③ ④

 정답 가운데 신맛이 가장 특징인 과일을 맞혀 보세요!

 **30초가 지났어요! 천천히 페이지를 넘겨 보세요!**

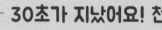
30초가 지났어요! 천천히 페이지를 넘겨 보세요!

정답의 순서대로 동물의 이름을 말해 봐요!

 **30초가 지났어요! 천천히 페이지를 넘겨 보세요!**

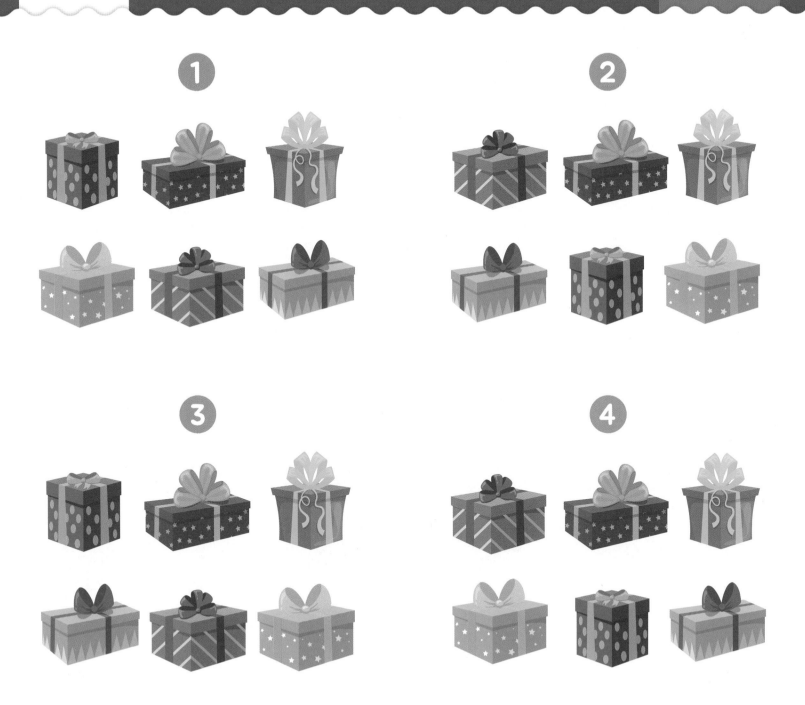

① ② ③ ④

 정답 가운데 사과나 딸기와 같은 색의 리본으로 장식한 선물상자를 찾아봐요!

💡 **60초가 지났어요! 천천히 페이지를 넘겨 보세요!**

①

②

③

④

 줄무늬 티셔츠를 입은 사람을 찾아봐요!

 **60초가 지났어요! 천천히 페이지를 넘겨 보세요!**

① 5☆732
◐9◀◎

② 5☆732
◐9◀◎

③ 5☆723
◐9◀◎

④ 5☆723
◐9◀◎

**①**

**②**

**③**

**④**

 **좋아하는 커피나 차의 이름을 말해 봐요!**

💡 100초가 지났어요! 천천히 페이지를 넘겨 보세요!

정답의 네 번째, 다섯 번째 그림은 무슨 동물 그림일까요?

정답

# 정답 ★

## 01 🌱 망고, 파인애플, 파파야 등

## 02

## 03

## 04

## 05

## 06 🌱 개나리, 진달래, 벚꽃 등

## 07 🌱 2, 8 / 4, 6 등

73 73 73 73 73 73
**75** 73 73 73 73 73
73 73 73 73 **75** 73
73 73 73 73 73 73

## 08
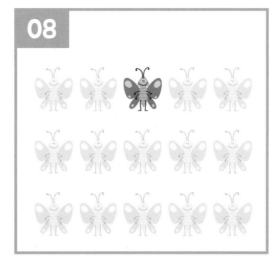

## 09 🌱 일체, 전부, 모두 등

전체 전체 전체 전체 전체
전체 전체 전체 전체 전체
전체 전체 전체 전체 전체
전체 전체 전체 **천체** 전체

# 정답 ★

### 10
🌱 연어초밥, 유부초밥, 광어초밥 등
🪴 비빔밥, 김밥, 국밥, 볶음밥 등

### 11

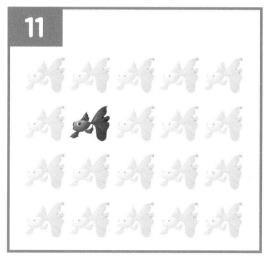

### 12
🌱 4개  🪴 5개

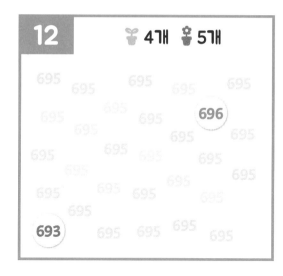

### 13

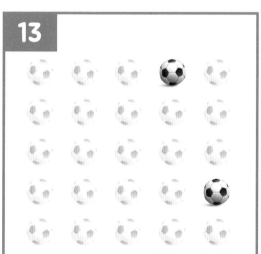

### 14

사격 사격 사격 사격 사격
사격 사격 사격 사격
사격 사격 사격 사격 사격
사격 **자격** 사격 사격
사격 사격 사격 사격 사격

### 15

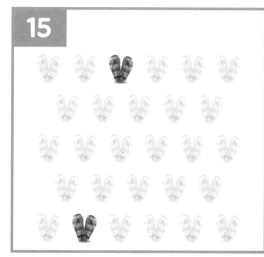

### 16

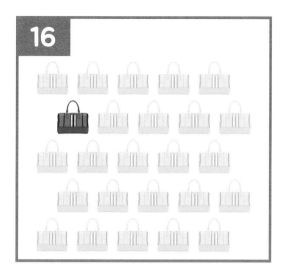

### 17
🌱 일정 기간 동안 일정한 곳에 내린 비의 분량

강수량 강수량 강수량 강수량 강수량
강수량 강수량 강수량 강수량
강수량 강수량 강수량 강수량 강수량
강수량 강수량 강수량 강수량
강수량 강수량 강수량 강수량 강수량
강수량 강수량 강수량 **강우량**
강수량 강수량 강수량 강수량 강수량

### 18
🪴 9개

# 정답 ★

**19**

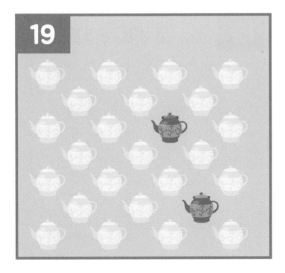

**20**

어렵다 어렵다 어렵다 어렵다 어렵다
어렵다 어렵다 어렵다 어렵다 어렵다
어렵다 **여렵다** 어렵다 어렵다 어렵다
어렵다 어렵다 어렵다 어렵다 어렵다
어렵다 어렵다 어렵다 어렵다 어렵다
어렵다 어렵다 어렵다 어렵다 어렵다
어렵다 어렵다 어렵다 어렵다 어렵다

**21**

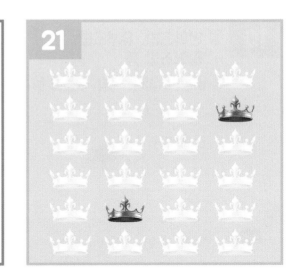

**22**

**23** 🌱 조류이다, 헤엄칠 수 있다 등

Duck Duck Duck Duck Duck Duck
Duck Duck Duck Duck Duck Duck
Duck Duck Duck Duck Duck Duck
Duck Duck Duck Duck Duck Duck
Duck Duck Duck Duck Duck Duck
Duck Duck Duck Duck Duck **Dunk**
Duck Duck Duck Duck Duck Duck

**24**

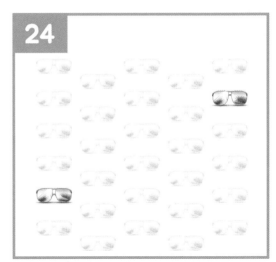

**25** 🌱 가시

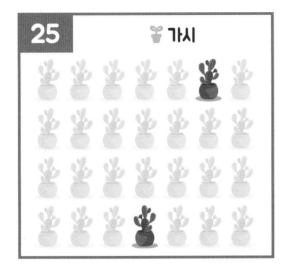

**26** 🌱 짝수, 2의 배수 등

2460    2460   2460    2460
   2460   2460    2460   2460
2460    2460   2460    **2760**
   2460   2460    2460
   2460   2460    2460
**2450**    2460    2460
2460    2460   2460
   2460   2460    2460
2460   2460    2460
   **2490**
2460    2460   2460    2460
   2460    2460

**27**

# 정답 ★

**28**

**29** 🌱 사고, 사치, 고사, 치사, 뭉치 등

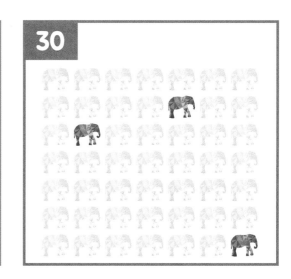

**30**

**31** 🌱 당근, 토마토

ㄷ ㄱ
당 근

ㅌ ㅁ ㅌ
토 마 토

**32** 🌱 옥수수, 고구마

ㅇ ㅅ ㅅ
옥 수 수

ㄱ ㄱ ㅁ
고 구 마

**33** 🌱 ㅎ ㅂ

호박

**34** 🌱 벼과이다, 수염이 있다 등

옥수수

**35** 🌱 수박, 포도

ㅅ ㅂ
수 박

ㅍ ㄷ
포 도

**36** 🌱 바나나, 복숭아

ㅂ ㄴ ㄴ
바 나 나

ㅂ ㅅ ㅇ
복 숭 아

# 정답 ★

**37**

**38** 🌱 코끼리, 호랑이

ㅋ ㄲ ㄹ
코 끼 리
ㅎ ㄹ ㅇ
호 랑 이

**39** 🌱 원숭이, 기러기

ㅇ ㅅ ㅇ
원 숭 이
ㄱ ㄹ ㄱ
기 러 기

**40** 🌱 거북이, 돌고래

ㄱ ㅂ ㅇ
거 북 이
ㄷ ㄱ ㄹ
돌 고 래

**41** 🌱 기러기

**42** 🌱 연근, 쑥갓

ㅇ ㄱ
연 근
ㅆ ㄱ
쑥 갓

**43** 🌱 미나리, 단호박

ㅁ ㄴ ㄹ
미 나 리
ㄷ ㅎ ㅂ
단 호 박

**44** 🌱 표고버섯, 청양고추

ㅍ ㄱ ㅂ ㅅ
표 고 버 섯
ㅊ ㅇ ㄱ ㅊ
청 양 고 추

**45** 🌱 ㅍㅇㅂㅅ

# 정답 ★

**46**

① 

| 연근 | 연근 | 쑥갓 | 쑥갓 |
| 쑥갓 | 쑥갓 | 연근 | 연근 |
| 미나리 | 단호박 | 미나리 | 단호박 |
| 단호박 | 미나리 | 단호박 | 미나리 |
| 표고버섯 | 표고버섯 | 표고버섯 | 표고버섯 |
| 청양고추 | 청양고추 | 청양고추 | 청양고추 |

**47** 🌱 기차, 버스

ㄱ ㅊ
기 차
ㅂ ㅅ
버 스

**48** 🌱 지하철, 비행기

ㅈ ㅎ ㅊ
지 하 철
ㅂ ㅎ ㄱ
비 행 기

**49** 🌱 자동차, 오토바이

ㅈ ㄷ ㅊ
자 동 차
ㅇ ㅌ ㅂ ㅇ
오 토 바 이

**50** 🌱 트럭, 자전거

ㅌ ㄹ
트 럭
ㅈ ㅈ ㄱ
자 전 거

**51**

지하철

**52**

② 

| 기차 | **기차** | 기차 | 기차 |
| 버스 | **버스** | 트럭 | 트럭 |
| 지하철 | **지하철** | 지하철 | 거하철 |
| 자동차 | **비행기** | 자동차 | 비행기 |
| 비행기 | **자동차** | 비행기 | 자동차 |
| 오토바이 | **오토바이** | 오토바이 | 오토바이 |
| 트럭 | **트럭** | 버스 | 버스 |
| 자전거 | **자전거** | 자전거 | 자전거 |

**53**

**54**

# 정답 ★

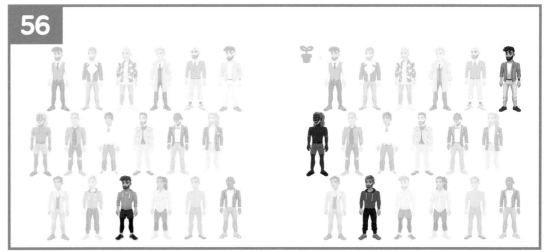

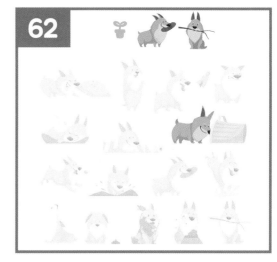

# 정답 ★

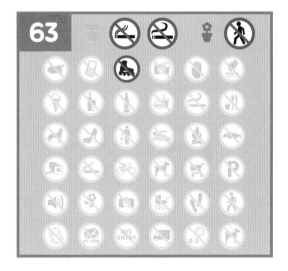

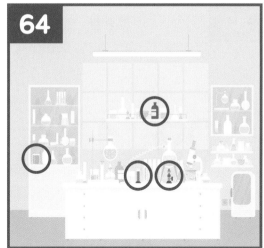

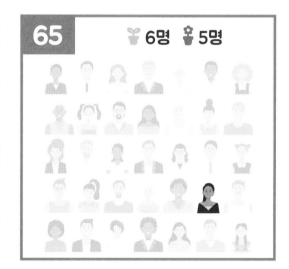

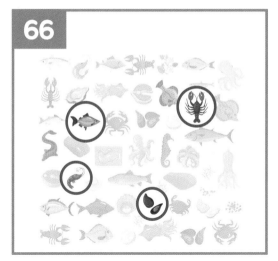

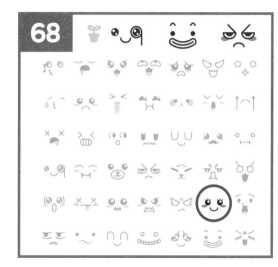

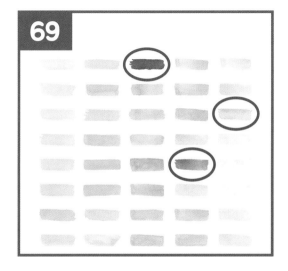

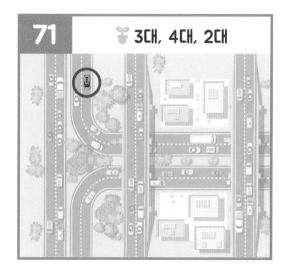

# 정답 ★

**72**

**88** 🌱 8개

09 17

**89** 🌱 14개

13 26

**90** 🌱 26 + 44 = 70

**26 35 44**

**91** 🌱 네.(24 - 12 〉 10)

12 24

**92** 🌱 11개

59 65 74

**93** 🌱 60

11 47 62

**94** 🌱 14 + 33 = 47

**14 33**

**95** 🌱 80 - 42 = 38

42 67 80

# 정답 ★

## 96 🌱 47

11 12 13 14 15 16 17
31 32 33 34 35 63 37
18 19 20 31 32 33 24
45 46 47 48 49 50 51
38 39 40 41 42 43 44
25 26 27 28 29 30

## 97 🌱 없음

19 37

## 98 🌱 16개

22 48 71

## 99 🌱 아니오.(123 - 30 < 96)

96 110
123

## 100 🌱 12개

48 49 50 51 52 34 35 36 37 38
53 54 55 56 20 30 31 32 33
25 26 27 28 29 67 68 69 70
21 22 23 24 71 72 73 74 75
62 63 64 65 66 76 77 78 79 80
57 58 59 60 61 81 82 83 84 89
39 40 41 42 43 44 45 46 47

## 101 🌱 75 - 16 = 59

16 75

## 102 🌱 네.(12 + 21 = 33)

12 33
51 86

## 103

## 104 🌱 15개

# 정답 ★

**105**

**106** 🌱 1명

**107** 🌱 6조각

**108**

**109** 🌱 부엉이

**110**

**111** 🌱 2500원 + 3200원 = 5700원

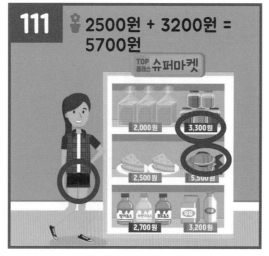

**112** 🌱 3마리  🪴 4마리

# 정답 ★

**115** 🌱 보라색

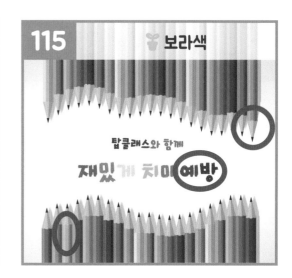

**116** 🌱 3개

**117**

🌱 오이소박이, 오이무침 등

🍗 삼계탕, 치킨 등

**118** 🌱 북, 꽹과리, 징, 장구

**119**

**120** 🌱 3명 🍗 초록색

# 정답 ★

**121** 🌱 4개
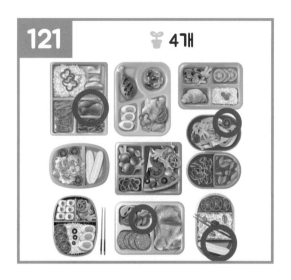

**122**

**123**
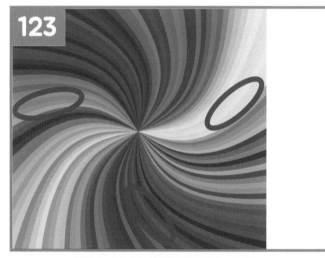

🌱 빨강, 주황, 노랑,
초록, 파랑, 남색,
보라

**124**

**125** 🌱 4권 🌱 3개

**126** 노란색

**127** 🌱 3개

# 정답 ★

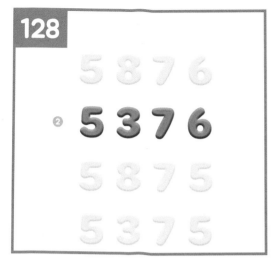

**128**

② 5 3 7 6

**129**  🌱 사과, 딸기 등

①

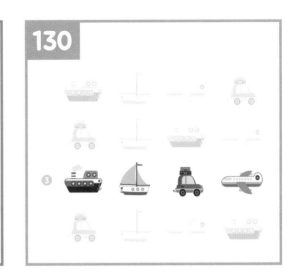

**130**

③

**131**  🌱 축구

②

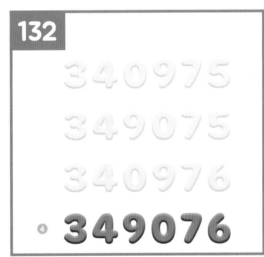

**132**

④ 349076

**133**

①

**134**

②

**135**  🌱 레몬

③

**136**

②

# 정답 ★

### 137
🌱 개구리, 사자, 기린,
사슴, 여우, 토끼

### 138
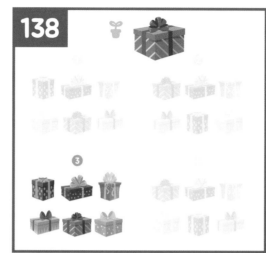

### 139
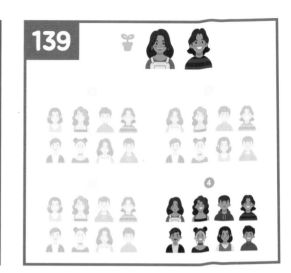

### 140
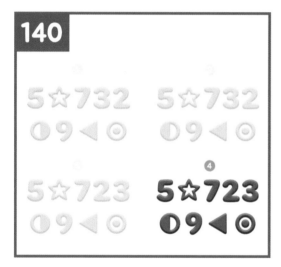

### 141
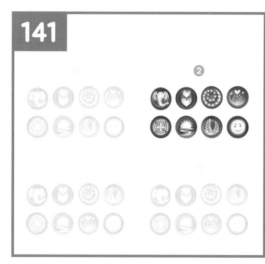

### 142
🌱 곰, 기린